Johann Nestroy

Der Färber und sein Zwillingsbruder

Posse mit Gesang in drei Akten

Johann Nestroy

Der Färber und sein Zwillingsbruder
Posse mit Gesang in drei Akten

ISBN/EAN: 9783744631372

Hergestellt in Europa, USA, Kanada, Australien, Japan

Cover: Foto ©Thomas Meinert / pixelio.de

Weitere Bücher finden Sie auf **www.hansebooks.com**

Bd. 8.

Johann Nestroÿ's

Possen

Herausgegeben von
Ludwig Gottsleben

...

Der Färber
und sein Zwillingsbruder.

Posse mit Gesang in 3 Akten.

BERLIN LEIPZIG WIEN
ALFRED H. FRIED & Cie

Weimar.

Der
Färber und sein Zwillingsbruder.

Posse mit Gesang in drei Akten

von

J. Nestroy.

Berlin und Leipzig.
Alfred H. Fried & Cie.

Personen.

Kilian Blau, Färbermeister

Hermann Blau, sein Bruder, Sergeant } Zwillinge.

Wetter }

Schlag } Gensdarmen.

Knoll }

Sturm, Gemeiner, Hermann's Diener.

Gertrud, sein Weib, Marketenderin.

Anselm, Altgeselle }

Mamsell Roserl } in Kilian's Hause.

Meister Klopf, Kupferschmied.

Herr von Löwenschlucht.

Cordelia, seine Schwester.

Peter, Bedienter.

Marquis Saintville.

Waldau, Güterdirektor.

Grümmer, Schloßinspektor.

Thomas, Gärtner.

von Dornberg, Hauptmann der Gensdarmen.

Eine Ordonnanz.

Jean, Diener.

Martin, Knecht.

Gensdarmen. Gäste. Dienerschaft.

Erster Akt.

(Platz vor einer Schenke im Gebirge, rechts das Wirthshaus mit praktikablem Eingang, vor dem Hause Tische und Bänke.)

Scene 1.

(Alle stehen und sitzen an Tischen und trinken.)

Chor.

Die Gläser voll Wein
Schenket ein, schenket ein!
Es erfreut das Gemüth
Ein lustiges Lied,
Gesungen beim Wein,
Schenket ein, schenket ein.
:,: Das Wasser gehört für die Weiber und Enten,
Der Bauer hält stumpf seinen Bierkrug in Händen. :,:
Doch ein tapferes Gemüth
Erfreuet ein Lied,
Gesungen beim Wein.
Schenket ein, schenket ein!

Scene 2.

Hermann und Knoll mit noch zwei Sergeanten.

Hermann. Nutzt nichts, alles is umsonst.
Knoll. Nun, so renn' in Dein Verderben!
Schlag. Was giebt's denn?
Hermann. Liebes-Abenteuer hab' ich vor.
Knoll. Ueber der Grenze —
Hermann. Weil die Liebe keine Grenzen kennt.

1*

Schlag. Aber das strenge Verbot —

Hermann. Verbot ist das Element der Liebe.

Schlag. Aber die Gefahr —

Hermann. Die Gefahr ist das Meer, aus dessen Grund man sich die Perle des Glücks heraufholen muß.

Schlag. Ich bin der Gefahr nie ausgewichen, aber beim Vergnügen vermeide ich sie.

Hermann. Das ist gesehlt, nur bei der Linie der Gefahr kommt man hinaus in's Grüne des Vergnügens. Wer sich scheut, diese Linie zu passiren, der bleibt ewig in der staubigen Vorstadt der Langweiligkeit hocken.

Schlag. Deine Ansichten —

Hermann. Verhalten sich zu den Eurigen, wie Tag und Nacht, das is klar. Wenn ich Eure Ansichten von Leben und Liebesglück hätt', da wär' ich Färber wor'n, wie mein Bruder, und hätt' eine Klampfererstochter g'heirath, hätt' unsinnig gegessen auf 'n Ehrentag, dann geht das maschinen= mäßige Handwerksleben fort ein Tag wie den andern, nur der Sonntag macht eine glänzende Ausnahme, da wird in's Wirthshaus gangen mit der ganzen Familie und Freund= schaft, da kann man den Wein maaßweis trinken, und man friegt doch kein' Rausch, so nüchtern is der Diskurs, der da g'führt wird. — Das wär' so eine Existenz für mich. Mein Leben hat ein anderes G'sicht, ich bin nicht hübsch, ich weiß eigentlich nicht, warum ich das unbändige Glück mach'; ich hab' zwar dermalen nur zwei Liebschaften — aber die Situation is interessant, beide mit den größten Hindernissen, von Hoffnung, von Aussicht ist da keine Spur, und beide sind über die Grenz' drüben. Was riskir ich Alles, wenn's verrathen wird, daß ich über die Grenze geh'. Jetzt komm ich zu der Ersten, da lauern acht Jägerburschen, sechszehn Hund' und ein Bruder auf mich. — Ich komme glücklich durch und eile zu der Anderen, da hat schon der Vormund die gräßlichsten Vorkehrungen gegen mich getroffen, seine Knechte dürfen gar nicht mehr arbeiten, sie dürfen gar nichts mehr thun, als aufpassen auf mich; und trotzdem gelang' ich glücklich wieder zurück; solche vierundzwanzig Stund' sind ja mehr werth, als drei Menschenalter im Kreise der All= täglichkeit vervegetirt.

Schlag. Du wirst noch übel wegkommen mit Deinen Liebesabenteuern.

Hermann. Möglich, ich fordere das Schicksal so lang' heraus, bis ich einmal ein rechtes Glück hab', oder ein rechtes Malheur, dann gieb ich ein Fried', vor der Hand aber wird sich in die Gefahren gestürzt, die Gefahr is ja die poetische Ballfrisur der Liebe, und die hat sie auch höchst nöthig, denn in den prosaischen Schlafhauben der Alltäglichkeit nimmt sich diese Himmelstochter miserabel aus.

Lied.

Ein Verhältniß, wo man bei der Thür hineingeht
Das is höchst prosaisch, das wird ein bald öd,
Doch wo man beim Fenster hinein steigen muß,
Das macht sich poetisch, das ist ein Genuß,
D'rum wann auch d' Leut' sagen von mir, ich sei ein Narr,
Mein Wahlspruch bleibt doch: Nur Gefahr! Nur Gefahr!

Wetter. Schlag. Knoll.

Freund, Du bist ein Narr
Mit Deiner Gefahr.

Hermann.

A Mama, die ein' freundlich zum Hausthor begleit't,
Das is Prosa, um die einen Niemand beneid't,
A Bedientenschaar, die ein' beim Schößel erwischt,
Das is Poesie, die die Seele erfrischt.
D'rum wenn auch d' Leut' sagen von mir, ich bin ein Narr,
Mein Wahlspruch bleibt doch: Nur Gefahr! Nur Gefahr!

Wetter. Schlag. Knoll.

Freund, Du bist ein Narr
Mit Deiner Gefahr!

Hermann.

Lebt wohl jetzt, mein Weg ist gar weit,
Ich darf nicht verplaudern die Zeit.

(Eilt Seite links ab.)

Wetter, Schlag, Knoll (ihn nachrufend). Leb' wohl, Freund, vergiß nur das Sprüchwort ja nicht, der Krug geht:

zum Brunnen, so lang' bis er bricht. (Gehen rechts in die
Wirthsstube ab.)

Verwandlung.

Hofraum im Hause des Färbers Kilian Blau, rechts der Eingang in
das Wohnhaus, weiter zurück sieht man lange Stücke Zeug an den zum
Trocknen bestimmten Balken aufgehangen, im Hintergrund eine Mauer
mit einem Thor, links im Hintergrund ein Wagenschuppen, weiter
vorne der Eingang in den Garten.

Scene 3.

Kilian (tritt aus dem Wohnhause während des Ritornells des
folgenden Liedes).

Kilian.

Ich bin a Färber und hab' Geld,
Denn b' Farb' ist d' Hauptsach' in der Welt,
D' Leut' wüßten sehr oft nicht auf Ehr',
Wie's d'ran sein, wenn die Farb' nit wär'.
Die is zum zehnten Mal schon Braut,
D' böse Welt spricht auch von ihr hübsch laut,
Zum Glück ist b' Farb' der Unschuld weiß,
Sie b'stellt sich so a Kleid, a neu's.
Das zieht sie zu der Hochzeit an,
Und überglücklich ruft der Mann:
„Möcht' seh'n, wer noch was sagen kann,
„Die Farb' zeigt Alles deutlich an!

Der sagt zu seine Freund': „Ich trau
Mich zu erobern diese Frau,
Von der ihr sagt, daß spröd' soll sein,
In einer Stund' gehört sie mein."
Die Stund' vergeht, er kommt zurück,
Und prahlt sich mit sein Liebesglück:
„Sie hat mich schon geküßt!" — Schau, schau,
Auf einem Aug' ist er ganz blau;
Jetzt weiß man's, daß er d' Leut' anlügt,
Statt'n Bussel hat 'r a Watsch'n kriegt,
Der mag jetzt aufschneid'n, was er kann —
Die Farb' zeigt Alles deutlich an.

Es ist kurios, daß g'rad bei mir die Farb' gar nix ausdrückt; Beredtsamkeit heißt der große Schneidermeister, der die Gefühle in Worte kleiden soll, ich hab' aber den Schneider nit, d'rum haben meine Gefühle nix Schönes an= z'legen, und Gefühle, die nix Schönes anz'legen haben, die kann man nit sehen lassen vor b' Leut'. D'rum hätt' ich halt gar so gern, wenn die Farb' verrathen thät', was in mir vorgeht, aber weiß der Teufel, ich werd' nicht roth, ich werd' nicht blaß, ich werd' nicht lila, mit einem Wort, ich hab' immer so ein unbecidirtes Aussehen als wie ein lichter Taffet, der zehn Jahre Winter = Mantelfutter war. Ich bin da mit meiner Lieb' in einem solchen Ambera, ich red' immer so herum, und sie merkt nix, sie kann eigentlich nix merken, denn das, was ich red', sagt nix. Jetzt sind die Gäste zur Verlobung eing'laden, ich erwart's alle Minuten, auf Morgen ist die Hochzeit b'stellt, jetzt wird's doch bald Zeit sein, daß ich zu der Liebes=Erklärung schau; vielleicht könnte da ein Dritter — das ist ein g'scheiter Gedanken — mein Altg'sell — he, Anselm!

Scene 4.

Voriger. Anselm.

Anselm (aus dem Hause). Was schafft der Meister?

Kilian. Geh' her. Es ist jetzt nicht der Meister, der dem Altg'sell'n was schafft, nein, es ist der Jungg'sell', der sich an den Altg'sell'n wendet und ihn um eine Gefälligkeit ersucht.

Anselm. Ich steh' zu Befehl; daß das Ganze hier auf a Hochzeit hinausgeht, das hab' ich gleich g'merkt.

Kilian. Du bist einer, der Alles gleich merkt, mit solche Leut' red' ich mich am Leichtesten. Sixt es, es is — weißt Du, weil ich — d'rum meinet ich halt — denn es handelt sich — weil die Sach' wirklich — jetzt — das ist eigentlich der Grund.

Anselm. Aha — ganz bin ich aber doch noch nicht im Klaren, was ich dabei thun soll.

Kilian. Weißt, Anselm, es ist nämlich — (für sich).

Ich muß die Sach' g'scheit einleiten — (laut). Du weißt, ich hab' einen Zwillingsbrudern, wir sind nämlich alle zwei Zwilling.

Anselm (bei Seite). Manchesmal kommt's mir völlig vor, als ob mein Meister a patscheter Zwilling wär.

Kilian. Und gerade dieser Zwilling sieht mir so unendlich gleich, daß —

Anselm. Soll er vielleicht eing'laden wer'n zu der Hochzeit?

Kilian. Nein durchaus nicht!

Anselm. Oder ist sonst was mit ihm vorg'fall'n?

Kilian. Nein.

Anselm. Also hat er gar kein Bezug auf das, was mir der Meister sagen will?

Kilian. Nein gar nicht.

Anselm. Wegen was red't denn nachher der Meister von ihm?

Kilian. Das ist ja bloß Einleitung.

Anselm. Na weil der Meister g'rad bei der Einleitung ist, da hör' ich eine Person, mit der Sie allerhand wer'n zu biskriren haben.

Kilian. Na, g'rad' da will ich nicht —

Anselm. Versteht sich, das kennen wir schon.

Kilian. Sondern Du sollst —

Anselm. Ich soll's heirathen? Halt mich der Meister für ein Narr'n? Ich geh' — (ab).

Kilian. Da bleibst — da haben wir's, da ist sie!

Scene 5.

Kilian. Roserl.

Roserl (sehr geputzt). Guten Morgen, Meister Kilian.

Kilian. Guten Morgen, Mamsell Roserl! (für sich). Aus dem Ton, wie ich das Wort Mamsell ausspreche, könnte sie schon merken, daß es auf was abgesehen ist, daß sie bald Madam titulirt werden soll.

Roserl. Sie haben g'schafft, daß ich mein schönstes Kleid anziehen soll.

Kilian. Haſt Du die Gäſt' etwa im Schlafrock empfangen wollen?

Roſerl. Ich hätt' aber noch ſo viel in der Kuchel zu thun.

Kilian. Das iſt Nebenſache; heut gibt's eine wichtigere Kocherei, mein Herz iſt anbrennt; die leere Paſtete meines Innern muß g'füllt wer'n mit den Tauben der Zärtlichkeit, über den Schmarren meines Lebens müſſen die Weinberln der häuslichen Glückſeligkeit geſtreut werden, das iſt die Kochkunſt, die das Verlobungsfeſt verherrlichen muß.

Roſerl. Sie werden alſo — ? —

Kilian. Heirathen ohne Gnad' und Barmherzigkeit.

Roſerl. Und die Braut? —

Kilian. Wird obenan ſitzen unter die Gäſt'.

Roſerl (für ſich). O weh, mir verlegt's den Athem! Ein armes Mädel wie mich ſetzt man nicht oben an.

Kilian. Ihr Glanz wird alles überſtrahlen.

Roſerl. Alſo ein reiches Mädel? —

Kilian. Reich, unbändig reich! (Für ſich) Verſteht ſich an Lieblichkeit und Tugend, das ſag' ich aber nicht, das ſoll ſie errathen.

Roſerl (pikirt). Das iſt recht, nur reiche Mädeln heirathen, wenn man auch ſelbſt Geld im Ueberfluſſe, man hat nie genug. (Für ſich — weint) Wenn ich mir nur nicht ſo dalkete Hoffnungen g'macht hätt'!

Kilian. Warum weinſt' denn, Roſerl?

Scene 6.

Vorige. Anſelm.

Anſelm (aus dem Hauſe). G'ſchwind Meiſter, die Gäſt' ſind ankommen, Alles fragt um den Meiſter Blau.

Kilian (für ſich). Oh, das iſt ärgerlich! (Laut.) Ich komm' ſchon. (Für ſich.) G'rad jetzt wo alles ſo ſchön eingeleitet iſt. (Laut.) Alſo fort jetzt, in zwei Minuten wird der Braut in die Arme geſtürzt. (Für ſich.) Jetzt könnt' ſie's doch merken, daß ich in zwei Minuten wieder da bin und in ihre Arme ſtürzen werd' — merkt noch nichts — weint alleweil ärger — thut nix — um die Lieb'zerklärung is mir jetzt gar nicht mehr bang. (Ab.)

Scene 8.
Anselm. Roserl.

Anselm (verwundert). Was ist denn das? Ich hab' glaubt —

Roserl. Ich hab' auch glaubt — er hat sich aber ein Andere wo aufklaubt —

Anselm. Für den Meister g'hört's Narrenhaus.

Roserl. Nein, auf dieses Haus bin ich vorg'merkt mit dem bankerotten Kapital meines Verstandes! Meine Hoffnungen waren Luft, jetzt sind sie zu Wasser geworden, und Ruhe find ich nur, wenn ich in der Erden lieg'. G'spürt der Anselm nix, daß schon anfängt zum Rappeln bei mir?

Anselm. Ja, ja, es hat allen Anschein.

Roserl. O, wenn mein Vater nur bei dem Meister nit Altg'sell' g'wesen wär! Wie der Vater g'storben is vor sieben Jahren, hab' ich glaubt, ich werd' fort müssen aus'm Haus; aber nein, der Meister Kilian hat mich b'halten wie ein eigenes Kind.

Anselm. Das war seine Schuldigkeit. Ihr Vater hat's G'schäft aus'm Fundament verstanden, und ihm nur verdankt der Meister seinen jetzigen Wohlstand.

Roserl. Jetzt bin ich eine große Person, seit zwei Jahren führ' ich das Regiment im Haus. Der Meister Kilian hat zwar nie von Lieb' was g'sprochen, aber er war in der letzten Zeit so gut, so freundlich mit mir, daß ich's beinah' für Lieb' g'halten hab'. Gestern hör' ich, daß heut Verlobung is. Ich glaub' fest, ich bin's, die's angeht, mach' vor Freuden kein Aug' zu, heut früh, wie ich aufwach', läßt mir der Meister sag'n, ich soll mein schönstes Kleid anziehen, da hätt' ich geschworen, daß ich es bin, und jetzt ist es eine Andere! O, mein bester Anselm, über solche Sachen sind schon stärkere Geister wahnsinnig wor'n, und Herzen, die ein Puff gewöhnt waren, haben zum schlagen aufg'hört.

Anselm. Meine liebe Mamsell Roserl — still! Ich glaub', sie kommen schon.

Roserl. Sie kommen, und sie kommt auch, jetzt nur nix g'spür'n lassen! Ich mach' a lustiges G'sicht, und wann's mich's Leben kost — Nicht wahr Anselm, (fängt laut zu weinen an) mir kennt kein Mensch was an, daß ich g'weint hab? —

Anfelm. Nein, fein Menfch. Ich bitt' Ihnen, Jungfer
Roferl —

Scene 8.
Vorige. Kilian. Klopf. Gäfte.

Chor.

Wir wünfchen dem Meifter im vorhinein
Sein Eh'ftand möge der glücklichfte fein,
Nur Wonne und Freud'
Blüh' ihm jederzeit!
Doch ruckt mit der Farb' heraus, fagt:
Wer ift denn die Braut? Die Neugier uns plagt.

Kilian (die Gäfte bewillkommend). G'horfamfter!

Alle. Ja, ja, — wer ift denn die Braut?

Klopf. Wenn wir nicht bald erfahren, wer die Braut
is, fo ftirbt mein Weib aus Neugier, wie die Weiber
fchon fan.

Kilian. Zuerft nur ein Glas Wein, G'vatter Klopf.

Klopf. Auf Ehr', mir fchmeckt fein Tropfen, bevor
ich nicht weiß, wer die Braut —

Gäfte. Jetzt feine Geheimniffe mehr, wo ift die Braut?

Kilian (für fich). Jetzt muß ich reden. (Zeigt, indem er reden
will, aber vergebens nach Worten fucht, auf Roferl.)

Gäfte. Was taufend! Die Mamfell Roferl!

Roferl (äußerft überrafcht). Wie? Was? Ich bin's?
Der der Meifter Herz und Hand fchenkt?

Kilian (bejahend nickend). Hm! hm! (Bei fich). Jetzt is
die Liebeserklärung und Heirathsantrag heraus! So, mir is
ordntlich ein Stein von Herzen.

Gäfte. Wir gratuliren!

Klopf. Jetzt eing'fchenkt! Jetzt weiß man doch, wem
man feine Gefundheit trinken foll.

Kilian. Anfelm, führ' die G'fellfchaft hinein.

Anfelm (für fich). So hab' i halt do recht g'habt.
(Zur Gefellfchaft.) Bitte herein zu fpazieren!

Klopf. Braut und Bräutigam follen leben! (Alle ab.)

Scene 9.
Kilian und Roferl.

Kilian (zärtlich). Roferl! Roferl!

Roserl. Is es denn wirklich? — Ich kann's noch nicht recht glauben.

Kilian. Ja bei so aner Wahl muß ma net voreilig sein. Das Geld, was man auf die Hochzeit ausgiebt, ist sehr häufig die erste Einzahlung in die wechselseitige Lebens= verbitterungsanstalt.

Roserl. Sie werden das doch nit mit mir befürchten?

Kilian. Nein, meine Roserl!

Roserl. Sie werden gewiß mit dieser Wahl zufrieden sein, Meister Kilian.

Kilian. So ganz zufrieden bin ich grad nicht.

Roserl. Nicht?

Kilian. Als Braut mich als Sie Meister Kilian zu tituliren, das will mir nicht g'fall'n.

Roserl. Da sollt' ich wohl am End' gar — Du mein lieber Kilian sagen?

Kilian. Roserl', geliebte Roserl! Das is der wahre Ton. (Umarmt sie.)

Peter (schaut mit dem Kopf über die Mauer und sagt). Ha! er ist's! (Verschwindet sogleich wieder, ohne von Kilian und Roserl bemerkt worden zu sein).

Kilian. Jetzt muß ich a bißel zu die Gäst' schau'n — bleib' da Herzel, ich bin gleich wieder bei Dir. (Ab in's Haus).

Scene 10.

Roserl — dann Peter.

Roserl (allein). Wie ist mir jetzt so wohl um's Herz, meine Besorgnisse wegen einer Andern waren alle umsonst, ich bin die Glückliche; mein is er, der liebe, herzensgute, brave Kilian.

Peter (rasch zum Thore hereintretend). Hab' ich Dich, Verworfener?

Roserl. Was will der Herr?

Peter (sich umsehend). Er ist nicht mehr da?

Roserl. Wer?

Peter. Der Verworfene!

Roserl. Ich weiß nicht, wen der Herr meint, aber das is a kuriose Manier, wenn man in a fremdes Haus kommt, wirst man nit gleich mit Verworfene herum.

Peter. Ich red' im Tone meines Herrn. Mit ihr

hat er gesprochen, wann ich nicht irr', „Geliebte" hat er g'sagt zu ihr, wann ich nicht irr', scharmirt hat er mit der Mamsell, wann ich nicht irr'.

Roserl. Mir scheint, der Herr hat was im Kopf.

Peter. Elende Verleumdung, das war bei mir nie der Fall.

Roserl. Ein Betrunkenen kann man was verzeihen. Wann er aber selbst sagt, daß das nicht der Fall ist, dann muß ich die Gesellen rufen.

Peter. Die G'sellen? (Mit Nachdruck.) Rufen Sie nur einen G'sellen!

Roserl. Aha, jetzt fürcht' er sich.

Peter (mit grimmiger Verachtung). Den sauberen G'sellen, den rufe Sie!

Roserl. Wir haben fast lauter saubere G'sellen im Haus. Da muß sich der Herr deutlicher expliciren.

Peter. Den, der da war.

Roserl. Das ist der Meister.

Peter. Meister!? (Grimmig lachend.) Hahaha! Jawohl, Meister in Herzensbethörung!

Roserl. Der ist auch schon mehr als Lehrbub' in der Narrethei! (Lacht.)

Peter. Sie lacht, weiß folglich von nichts, oder Sie macht sich nichts daraus. (Mit Stolz:) In jedem Fall ist Ihr Lachen unter meiner Würde.

Roserl. Jetzt wird's mir bald z'viel wer'n.

Scene 11.

Vorige. Kilian.

Kilian (aus dem Hause). Nur Du gehst ihnen ab, Roserl. Das is a Freud' und a Jubel drinn', sie wer'n Alle krank, so stark trinken's G'sundheit.

Peter. Da is er, der Sergant und in Civil verkleidet.

Roserl. Du Kilian, da is einer.

Kilian (wird Peter gewahr). Was will Er denn?

Peter (vortretend). Erbleichst Du über meinen Anblick?

Kilian (befremdet). Wen habt's denn da herein lassen?

Peter (äußerst frappirt). Was?

Kilian. Jetzt keine Faxen, was will der Herr?

Peter. Nein, das is zu stark; mir verschlagt's die

Ausdrücke! Meine Zunge is eine Blinde, die nach Worten tappt! Die Essontrie wirkt auf die Sprachorgane, wie der schwarze Staar auf das Aug'.

Kilian. Wo sein denn meine G'sell'n?

Peter. Gut, das fehlt noch, das ist der Gipfel Deiner Schändlichkeit! Füge zu den obgenannten Verbrechen noch die Gräuelthat der treuen Diener-Hinauswerfung dazu und Du bist vollendeter Bösewicht. Die arme Fräul'n!

Roserl (zu Kilian). Du, was meint er denn für eine Fräul'n?

Peter. Die Schwester meines Herrn. Er hat es gewagt, Blicke zu richten auf dieses Ideal, er hat die Einwilligung des Bruders nie gekriegt, aber das is's Empörendste, er spielt jetzt noch den Spreganten, nimmt kalt Abschied von ihr, die in Thränen schwimmt, und verläßt die Erhabene, um hierher zur Gemeinheit zu eilen.

Kilian. Werft's mir den Narren hinaus. (Ruft:) Christian! Anton!

Peter. Wozu Unterhändler bei diesem Geschäft? Ich geh' von selbst!

Kilian (in die Scene rufend). Heda!

Roserl (ihm in's Wort fallend). Nix da! (Zu Peter.) Red' der Herr weiter, die Sach' fangt mich an zu interessiren.

Peter. O, ich hab' schon g'red't am rechten Ort, ich hab' Alles erlauscht, belauscht, und den gnädigen Herrn geblauscht, das war ein Moment; er schnaubt Rache, die Schwester weint, ich steh' zur Bildsäule erstarrt, die Hund' fangen zu heulen an, o, es war eine herzzerreißende Scene! Da ermann' ich mich, wirf einen ausdruckslosen Blick auf sie und mit dem Ausruf: Auf, dem Frevler nach! stürz' ich fort, blindlings in die Welt, da führt mich der Zufall an der Gartenmauer vorbei, ich höre eine Stimme, ich sehe eine Gestalt, ich dringe in den Hof, (auf Kilian zeigend) und der Frevler steht vor mir.

Kilian. Jetzt geht mir die Geduld aus. (Ruft gegen das Haus.) G'sellen und G'sellschaft! Alles heraus!

Roserl (ihm den Mund zuhaltend). Ob's still sein werden! Wollen Sie Ihre Stückeln selbst bekannt machen?

Kilian (äußerst betroffen). Was, Du glaubst?! —

Peter. Wohl ihr, wenn sie meinen Worten glaubt!

Wohl mir, wenn ich sie zur rechten Zeit gewarnt. (Zu Kilian.) Und wehe Dir, (auf Roserl zeigend) ich habe ihr Mucken in's Ohr gesetzt, die Deine Verschmitztheit nicht fangen und Deine Gleißnerei nicht tödten soll. Abieu, mein Herr, ich gehe jetzt zu meinem Herrn. Verkleidungen werden nicht schützen vor meinem Herrn; mein Herr wird dem Herrn ein Herrn zeigen, für das kenn' ich meinen Herrn! (Durch's Thor ab.)

Scene 12.

Vorige ohne Peter.

Kilian. Ich bin aus den Wolken g'fallen

Roserl. Ich bin aus meinem Himmel herabgestürzt, das ist noch mehr.

Kilian. Wär' nicht übel, da brechet sich unser beiderseitige Glückseligkeit 's Gnack.

Roserl. Der brave, ordentliche Meister Kilian schleicht sich verkleidet zu Aurora ein!

Kilian. Ich bitt' Dich, wo nehmet ich zu so was die Courage her? Du redst ja gegen alle Menschenkenntniß.

Roserl. Bei Männern gibt's kein Menschenkenntniß; denn wenn man's kennt, so lernt man's als Unmenschen kennen.

Kilian. Halt, ich bin im Klaren, mein Bruder ist derjenige.

Roserl. Was?

Kilian. Der Mensch hat mich für mein Brudern ang'schaut, Du weißt, wir sehen uns so gleich.

Roserl. Das hab' ich wohl immer gehört, aber gar so groß kann doch eine Aehnlichkeit nicht sein.

Kilian. Ungeheuer, sag' ich Dir, was hat's da schon in der zarten Bubenzeit krudele Irrungen gegeben. Mein Bruder, der Hermann, hat was ang'stellt, der Vater erwischt mich: „Wart' Hermann, du Spitzbub'!" und beutelt mich unbändig; wie er mit'n Beuteln fertig ist, sag' ich: (mit weinerlicher Bubenstimme) ich bin ja nicht der Hermann, ich bin ja der Kilian! Ah so, sagt der Vater, nachher ist's dich nichts angangen. — Ich geh in' Garten hinunter, über a Weil' kommt der Vater, mich sehen und beim Kakadu erwischen war ein Tempo. (Die Stimme des Vaters nachahmend.) Wart', Spitzbub', ich hab' den Kilian anstatt deiner beutelt, jetzt sollst du's erst recht kriegen, beutelt mich noch einmal. Ja, ich sag' Dir's, Roserl, an so einer Aehnlichkeit ist nix G'schenkts! —

Roserl. Also hätt' ich Dir Unrecht gethan! (Reicht ihm die Hand.)

Kilian. Mehr noch als mein Vater in der rührenden Geschichte, die ich Dir soeben erzählt! Schau, deswegen hab' ich mein Brudern nie in mein Haus eing'laden, wiewohl er jetzt schon einige Zeit in unserer Näh' stationirt ist. Ich bin ein einzig's Mal a Stund' von hier im einschichtigen Wirthshaus zufällig mit ihm und seinen Fourirschützen zusammen kommen. Das is a rarer Mann, wie der über unsere Aehnlichkeit gelacht hat! Da haben wir gezecht, haben uns an unsere Jugend erinnert, der Bruder und ich, und waren recht freundlich und herzlich, aber eing'laden hab' ich ihn halt doch nicht; es hat ihn gewurmt, er hat erwartet, daß ich sag': Bruder Hermann, komm zu mir, aber ich hab' mir denkt, ich hab' eine Roserl im Haus, die könnt' sich in die Aehnlichkeit verlieben.

Roserl. Geh, Du närrischer Mensch, wie ich jetzt Frau bin, muß er uns besuchen.

Kilian. O, nichts desto weniger!

Roserl. Ich glaub', Du wärst eifersüchtig?

Kilian. Na ob? Nicht wahr, ich g'fall' Dir? Er sieht mir gleich, also müßte er Dir auch gefallen.

Roserl. Wie einfältig! Jetzt hast Du gegen alle Menschenkenntniß g'redt.

Kilian. Mit einem Wort, mein Haus betritt er nicht.

Roserl. Geh, das ist unbrüderlich. Er muß zu der Hochzeit eing'laden werden.

Kilian. Er hat mir an mein' Verlobungstag Verdruß g'macht, ich will gar nix wissen von ihm, reden wir von was Anderem.

Roserl. Diese Red' und Dein Herz können keine Zwillinge sein, denn die seh'n sich wahrlich nicht gleich. In jedem Fall aber verdienst Du jetzt zur Straf', daß Du für Dein' Brudern in rechte G'schichten und Verlegenheiten kommest, daß Du sehr viel für ihn thun müßtest, weil Du das Wenige nicht hast thun wollen, ihn zu der Hochzeit einladen, — Du verdienst, daß Du für ihn —

Kilian. Roserl, mal' den Teufel nit an die Wand! Ein Soldat, er steigt ab!

Scene 13.

Vorige. Sturm.

Sturm (durch's Thor herein reitend). Hier wohnt der Meister Blau? — Richtig, da ist er. —

Kilian. Was steht zu Diensten?

Sturm. Der Herr Sergeant nicht hier? (Steigt ab.)

Kilian. Mein Bruder? (In die Scene rufend.) Hansel, halt dem Herrn 's Pferd! (Ein Knecht tritt heraus und thut, wie ihm befohlen, Kilian tritt mit Sturm vor.) Mein Bruder war noch nie bei mir.

Sturm. Das war noch meine einzige Hoffnung, jetzt ist das Unglück g'wiß.

Kilian (erschrocken). Unglück?

Roserl (erschrocken). Was ist denn geschehen?

Sturm. Hier ist er nicht, folglich ist er über die Grenze, einer tollen Liebschaft wegen, kein Zweifel mehr. Man hat nach ihm gefragt, um sechs Uhr ist eine Musterung, von der er nichts weiß, kommt er bis dahin nicht, dann erfährt's der Kommandant und — ach, mein armer Herr Sergeant!

Kilian. Was kann ihm denn g'schehen, wann's der Kommandant —

Sturm. Nach dem strengen Verbot, die Grenze zu über-schreiten, kann er ihn erschießen lassen.

Roserl. Himmel!

Kilian (desperat). Mein Bruder Hermann! — er-schießen? — Mein Bruder Hermann!

Sturm. Das wär' noch das Geringste —

Kilian. Erlauben Sie, das wäre das Aergste.

Sturm. Pah! Von der Hand der Kameraden sterben, hat immer so etwas Ehrenvolles, aber der Kommandant wird wahrscheinlich eine sogenannte Milderung eintreten lassen —

Kilian. Das wäre ja gut.

Sturm. Und ihn degradirt, mit Schimpf und Schande auf eine Festung schicken, das ist für den wahren Mann hundert Mal ärger als der Tod.

Kilian. Erlauben Sie, wenn ich die Wahl hätt' —

Sturm. Sie sind auch kein Mann.

Kilian. So sein's so gut!

Sturm. Nichts für ungut, es war nicht so gemeint.

Roserl. Läßt sich denn gar nichts mehr machen?

Kilian (desperat auf- und abgehend). Mein Bruder!
Mein Bruder!

Sturm. Man muß ihn aufsuchen.

Roserl. Aber wo?

Sturm. Einen Ort weiß ich, wo er mit Wahrschein-
lichkeit zu treffen ist.

Kilian. Wo?

Sturm. Im Haus des Oberforstmeisters von Löwenschlucht.

Kilian. So reiten's g'schwind hin, funfzig Dukaten.

Sturm. Was gehen mich Ihre Dukaten an? Der
Oberforstmeister ist über der Grenze, folglich darf ich nicht,
aber Sie dürfen.

Kilian. Ich fahr' hinüber, ich such' ihn, ich hol' ihn,
dann fahr' ich zum Kommandanten, dann zum General, ich
weiß selber nicht, wo ich überall hinfahr'. — Mein Bruder
Hermann! —

Roserl. Das ist recht, Kilian, ich begleit' Dich.
(Eilig in's Haus ab.)

Kilian (ruft) Martin! Martin! Wo Teufel!

Scene 14.

Vorige. Martin (aus dem Wagenschuppen).

Martin (aus dem Wagenschuppen). Meister, was ist denn
g'schehn?

Kilian (in größter Unruhe hin- und herlaufend). Einspannen! 's leichte Wagerl und die schweren Pferd'! —

Sturm. Schwere Pferde?

Kilian. Die leichten Pferd' hab' ich sagen wollen,
und den schweren Wagen.

Sturm. Das wäre noch schlechter! —

Kilian. Meinetwegen gar kein Wagen, nur einspannen,
Alles einspannen.

Martin. Mein Herr ist verruckt. (Ab in den Schuppen.)

Scene 15.

Vorige ohne Martin. Dann Roserl.

Kilian. Wie weit haben wir in die Löwenschlucht?

Sturm. Zwei Stunden.

Kilian. Das laufen meine Roß' in hundertzwanzig Minuten.

Roserl (im Reisemantel zurückkommend). Da bin ich schon!

Kilian. Ich nimm nur mein' Mantel um. (In's Haus ab.)

Roserl (zu Sturm). Haben Sie Hoffnung, daß wir ihn dort —

Sturm. Er hat eine Liebschaft dort, folglich glaub' ich. — O diese Liebschaften werden meinen armen Herrn Sergeanten noch in's Unglück stürzen.

Scene 16.

Vorige. Anselm (ohne Kilian).

Anselm (aus dem Hause). Die Gäst' schreien Alle um den Herrn vom Haus und um die Jungfer Braut.

Roserl. Da können's lang' schreien, wir fahren fort.

Anselm. Was?

Roserl. Fort, sag' ich, fort.

Anselm (für sich). Was is denn da g'schehen? Das muß ich gleich den Gästen — die werd'n Augen machen. (Eilig in's Haus ab.)

Scene 17.

Vorige ohne Anselm. Dazu Kilian. Dann Martin.

Kilian (im Mantel mit Paraplui, eilig aus dem Hause). Da bin ich schon.

Sturm. Nur keine Zeit verloren, ich begleite Sie bis an die Grenze.

Martin (eine offene Kalesche mit zwei Pferden führend). Eingespannt is.

Kilian. Jag', was D' kannst.

Martin. Daß mir halt kein Unglück haben.

Roserl. Der Himmel wird uns schirmen.

Sturm. Nur schnell!

2*

Scene 18.

Vorige, Anselm, Gäste, (eilig aus dem Hause).

Gäste. Was ist denn g'schehen?

Kilian. Lassen Sie sich allerseits Essen und Trinken schmecken, quartieren Sie sich ein bei mir, machen Sie sich lustig, wir aber müssen fort, indessen heut Abend oder morgen früh, oder übermorgen ganz gewiß, oder mit einem Wort, Hochzeit ist auf alle Fäll'! (Steigt in den Wagen.)

Roserl (sitzt schon im selben). Adieu allerseits!

Sturm (ist bereits zu Pferde gestiegen).

Klopf (indem er Kilian zurückhält). Was hat es denn eigentlich für a Bewandtniß? Es ist nur wegen mein Weib.

Kilian. Laß mich der G'vatter aus, ich hab' keine Sekunde zu verlieren.

Alle. Adieu! Adieu! Adieu!

Kilian (aus dem Wagen). Adieu! Adieu! Adieu!

(Der Wagen fährt fort, Sturm reitet voraus, Alle sehen er= staunt nach.)

Alle (während des Abfahrens des Wagens).

Der Tausend hinein! Der Tausend hinein!
Was muß denn da vorg'fallen sein?

Der Vorhang fällt.

Zweiter Akt.

(Großes Vorhaus im Marketenderhause mit einem Bogen im Hinter= grunde, welcher die Aussicht in die freie Gegend eröffnet, rechts und links Seitenthüren.)

Scene 1.

(Der Vorhang geht, während Musik spielt, auf, man sieht im Hintergrund Gensdarmen vorbeimarschiren. währenddem tritt Frau Gertrud aus der Seitenthür rechts und singt mit dem hinter der Scene gesungenen militärischen Chore zugleich.)

Gertrud.

Dort ziehen sie hin zum Zelt,
Der Herr Sergeant noch fehlt,
Schon gab man das Signal

Durch lauten Trommelschall,
Er stürzt ins Unglück sich.

Chor (zugleich).
(Von innen gesungen.)

Fürwahr er stürzt ins Unglück si t.
:,: Zur Musterung wird aufgestellt
Dort vor des Kommandanten Zelt, :,:
Gegeben ist schon das Signal,
Uns ruft der Trommel Wirbelschall.

Scene 2.

Wetter, Schlag, Knoll, Vorige, (durch den Bogen).

Schlag. Nun Frau Gertrud, hat Ihr Mann noch keine Nachricht gebracht von Blau?

Gertrud. Ich erwart' ihn jeden Augenblick.

Schlag. Armer Kamerad, ich bedaure Dich!

Wetter. Wir haben ihn oft genug gewarnt —

Schlag. Und's hat nichts genützt. Melden müssen wir's jetzt, wir wollen es so schonend als möglich thun.

Gertrud (hat durch den Bogen hinausgesehen). Da kommt mein Mann.

Schlag (sieht auch hinaus). Seine Miene weissagt nichts Gutes.

Scene 3.

Vorige. Sturm.

Schlag, Wetter, Knoll (ihm entgegen). Nun, wie steht's?

Sturm (die Achsel zuckend). Ich weiß es nicht. Ich war bei seinem Bruder, dem Färber Blau, der ist über die Grenze geeilt, um ihn bei dem gewissen Oberforstmeister zu suchen, die Herren werden wissen, daß mein Herr Sergeant eine Liebschaft dort —

Schlag. Ach leider! (Man hört trommeln hinter der Scene). Habt Ihr g'hört? Schnell zur Musterung, 's ist höchste Zeit. (Mit den Sergeanten ab).

Scene 4.

Sturm. Gertrud.

Gertrud. Du siehst ganz verstört aus, lieber Mann.

Sturm. Kann ich anders, wenn ich denke, was ihm bevorsteht?

Gertrud. Deine Schuld ist's ja nicht, drum mußt Du Dir's nicht gar so zu Herzen nehmen.

Sturm. Schweig!

Gertrud. Ich möchte ja so gern Deine Traurigkeit verscheuchen.

Sturm. Ja, liebes Weib, das kannst Du!

Gertrud. O sprich, wie?

Sturm. Wenn Du mir Brantwein bringst.

Gertrud (beleidigt). Geh!

Scene 5.

Vorige. Kilian. Roserl.

Kilian (von innen). Steigen wir da ab, da sind wir schon an Ort und Stelle.

Sturm. Meister Blau kommt, vielleicht bringt er uns Nachricht. (Eilt ihm entgegen).

Kilian (tritt mit Roserl ein). Ah, da ist ja der Herr Sturm! Herr Sturm, ich kann mich noch gar nicht erholen.

Sturm. Was ist den g'schehen? Waren Sie dort?

Roserl. Sie haben ihn für sein Bruder ang'schaut.

Kilian. Und einen Sultel, zwei Diane und fünf Blasseln auf mich g'hetzt.

Sturm. Beim Oberforstmeister?

Kilian. Grad' wie ich hab' absteigen wollen. Ich spring g'schwind wieder ins Kaleich, ein Hund packt mich beim Mantel. Ich schrei: Jag', Martin, was Du kannst! Wir fahren ventre à terre im gestreckten Carriere daher, die Hunde nach, einer springt hint auf, als wann er a g'lernter Bedienter wär, reißt mir den Hut vom Kopf, an mir zeigen sich alle Symptome der Todesangst, da lauft, was sonst Unglück bedeut't, dasmal aber war's a Glück, ein alter Has übern Weg, die Hund, das zu sehen —

Roserl (einfallend). Lassen den Hasenfuß fahren und laufen dem ganzen Hasen nach.

Kilian. Und so war ich gerettet.

Sturm. Ihr Bruder war also nicht im Hause des Oberforstmeisters?

Kilian. Das zeigt sich aus dem Empfang, der mir zu theil worden ist. Und da ist er auch nicht. Wo sollen wir'n jetzt suchen? Was ist mit ihm g'schehn? Und was wird erst mit ihm g'schehn, wenn sie'n friegen?

Sturm (zuckt seufzend die Achseln).

Kilian. Ich geh' zum Kommandanten, ich werd' ihn rühren, ich will ganz als Zwilling reden. Es ist ein schwerer Gang für mich, Du weißt, Roserl, ich red' mich so hart, wann ich was auf dem Herzen hab'.

Roserl. Wann Du's bei Deiner Bitt so als wie bei Deiner Liebeserklärung machst, dann ist Dein armer Bruder auf der Festung, ehe noch der Kommandant weiß, was Du eigentlich willst.

Kilian (zu Sturm). Wo bleibt denn meine Braut derweil?

Gertrud (welche Kilian der großen Aehnlichkeit wegen mit besonderer Neugierde betrachtete). Die Mamsell kann bei mir bleiben.

Sturm (Gertrud vorstellend). Mein Weib.

Kilian (zu Gertrud). O, ich habe gar nicht bemerkt — verzeihen Sie — (komplimentirend). Ein Zwilling in Verzweiflung hat keine Augen im Kopf.

Gertrud. Oder wanns gefällig ist, sich im Zimmer des Herrn Bruders einzuquartieren? (Die Seitenthür links öffnend). Hier logirt er.

Sturm. Bald wird man sagen müssen: Hier hat er logirt.

Kilian (äußerst gerührt in das Zimmer sehend). Da schau, Roserl, da hängt ein Anzug von ihm, dort auf'm Tisch liegt der unbeschlagene Kopf, den ich ihm hab' b'schlagen lassen wollen, wie er von zu Haus fortgegangen is, da im zweiten Zimmer hängt das Bild von unserem Vater, siehst, das ist er, der mich alleweil statt'n Hermann beutelt hat — der arme Hermann! (Geht bis zu Thränen gerührt in das Zimmer ab, Roserl folgt.)

Scene 6.

Sturm. Gertrud. Dazu Wetter. Schlag. Knoll.

Gertrud (zu Sturm). Mann, ich bin noch wie versteinert über diese Aehnlichkeit, das hab' ich in meinem Leben nicht gesehen.

Sturm (mürrisch). Ach, was kümmern mich alle Aehnlichkeiten der Welt! — Ich wollte lieber —

Wetter (mit Knoll und Schlag eintretend). Wir konnten nicht anders.

Knoll. Leider!

Schlag (zu Sturm). Die Meldung ist geschehen.

Sturm. Und der Herr Kommandant? —

Schlag. Ist wüthend. Es sind mehrere Desertionen in das angrenzende Gebiet vorgekommen —

Sturm. Aber den braven Herrn Sergeanten wird er doch keiner Desertion fähig halten?

Scene 7.

Vorige. Kilian.

Kilian (in die Seitenthür links zurücksprechend). Du wart'st bis ich zurückkomm', ich geh' Stantepede zum Kommandanten.

Wetter (betreten). Seh' ich recht?!

Schlag. Beim Teufel, er ist's — Bruder?

Knoll. Er ist da — dem Himmel sei Dank!

Wetter und **Knoll.** Komm her! —

Schlag Du hast uns Angst gemacht! (Alle Drei umarmen Kilian mit stürmischer Freude.)

Sturm (mit froher Ueberraschung). Sie halten ihn für seinen Bruder.

Schlag (zu Kilian). Aber diese Verkleidung? —

Sturm (leise zu ihm). Um's Himmelswillen stillgeschwiegen!

Schlag. Jetzt nur gleich Hermann's Rückkunft gemeldet.

Sturm (zu Schlag). Ja, ja, Herr Sergeant, das muß in dieser Minute —

Schlag (zu Sturm). Und Du Spitzbube ließest uns in Angst und sagst kein Wort!

Kilian (erstaunt). Ja, aber —

Sturm (leise zu ihm). Still, der Irrthum kann Ihrem Bruder von großem Nutzen sein.

Schlag (zu Kilian). Jetzt kleide Dich aber schnell um, man kann Dich jeden Augenblick zur Musterung rufen.

Sturm (zu Kilian). Ja, nur geschwind.

Kilian (in größter Verlegenheit). Aber ich —

Schlag (zu Kilian). Er hätte den Spaß bald zu weit getrieben. Nur geschwind die Meldung gemacht.

Sturm (drängt Kilian in die Thür links). Nur herein! (Kilian geht in die Thür links ab. Sturm begleitet die Sergeanten zur Mitte hinaus.)

Scene 8.

Gertrud. Dann Sturm. Löwenschlucht.

Gertrud (allein). Das ist ein glücklicher Zufall! Wenn der Mosje Hermann in's Unglück gekommen wär', ich wäre untröstlich gewesen.

Sturm (zurückkommend, hat die letzten Worte gehört). So? Na, mich freut's, daß Du soviel Antheil nimmst, übrigens —

Löwenschlucht (zur Mitte eintretend, er ist in reiche, altmodische Uniform gekleidet). Herr Gensdarm —

Sturm. Was steht zu Diensten?

Löwenschlucht. Schickt mir die Frau fort!

Sturm. Zum Glück ist es meine Frau, eine Andere würde sich schwerlich von mir fortschicken lassen. (Zu Gertrud.) Geh! —

Gertrud (im Abgehen) Was ist doch so ein Jäger Ungeschliffenes gegen einen Soldaten! (In die Seitenthür rechts ab.)

Scene 9.

Vorige ohne Gertrud.

Löwenschlucht. Mein Geschäft verträgt weibliche Neugierde nicht. (Zieht ein Portrait hervor und zeigt es Sturm.) Dies ist die Uniform Eurer Truppe, ohne Zweifel werdet Ihr das Original dieses Portraits kennen.

Sturm (besieht es). Das ist mein Herr, der Sergeant Hermann Blau.

Löwenschlucht. Wohl, so bin ich am rechten Orte. (Für sich.) Du sollst gerochen werden, betrogene Schwester!

Sturm (für sich, indem er ihn argwöhnisch von der Seite betrachtet). Sollte das nicht der Oberforstmeister sein, der gegen meinen Sergeanten so liebreiche Gesinnungen an den Tag gelegt?

Löwenschlucht. Führt mich zu Eurem Herrn.

Sturm. Mein Herr ist noch nicht in die Station zurück.

Löwenschlucht. Es war doch soeben Musterung.

Sturm. Bei welcher er fehlte.

Scene 10.

Vorige. Eine Ordonnanz.

Ordonnanz (durch die Mitte). Sturm, Du mußt mir folgen! —

Sturm. Gut. (Für sich.) Ich muß nur dem Färber bedeuten, daß er sich vor dem (auf den Oberforstmeister deutend) nicht sehen läßt. (Will in die Thür links ab.)

Ordonnanz. Halt! Meine Ordre lautet sogleich.

Sturm (für sich). Hm! Fatal. (Geht mit der Ordonnanz zur Mitte ab.)

Scene 11.

Löwenschlucht. Dann Peter.

Löwenschlucht (allein). Noch nicht zurück, sagt er? Gut, so warte ich, ich weiche nicht von dem Platz, bis ich ihn gefunden.

Peter (tritt zur Mitte ein) Euer Gnaden, ich habe eine Spur. —

Löwenschlucht. Bildest Du Dir abermals ein, ihn in einer Verkleidung gesehen zu haben, Dummkopf?

Peter. Den Verstand haben mir Euer Gnaden längst abgestritten, was aber die äußere Zierde des Kopfes betrifft, meine Augen, die laß' ich mir nicht wegdisputiren.

Löwenschlucht. Schweig!

Peter. Die Spur muß ich Ew. Gnaden erzählen, sie haben ihn, und er wird erschossen.

Löwenschlucht. Wer hat Dir das Märchen aufgebunden?

Peter. Ich nenne meinen Mann, das Kipfelweib hat's erzählt, sie sitzt beim Haus des Kommandanten, gehört folglich zu seiner Umgebung.

Löwenschlucht (geht auf und nieder). Schweig!

Peter (seufzend für sich). Leider hat mich mein Schicksal zum ewigen Schweigen verurtheilt.

Löwenschlucht. Ich ruhe nicht, bis er dem Lauf meiner Pistolen gegenüber steht.

Peter (für sich). Er ist furchtbar in seinem Grimm; wenn er erst ahnen könnte (auf sein Herz zeigend) was hier seit Jahren für Leidenschaft für seine Schwester wogt, mich würde er nicht auf einmal, sondern zipperlweis würde er mich morden.

Löwenschlucht (mit dem Fuß stampfend). Fluch dem Frevler, der meine Schwester betrogen!

Peter. Fluch ihm, dem Verweg— —

Löwenschlucht. Was hat denn er —? (Geht auf und nieder.)

Peter (für sich) Ruhig mein Herz, verrathe Dich nicht.

Löwenschlucht (für sich) So ein Mensch wagt es, ein Mädchen wie meine Schwester —

Peter. Einen Engel, ein Abbild der Vollkommenheit —

Löwenschlucht (ihn anschnaubend). Was hat denn er immer - ? (Geht auf und nieder.)

Peter (für sich). Ruhig vorlautes Herz! Warum kann man so a Herz nit auf's Maul schlagen, wenn's zum Verrathen anfangt?

Löwenschlucht. Wenn's aber doch wahr wäre, wie Du vorhin gesagt, dann fiele er ja nicht durch meine Kugel!

Peter. Alles Eins, Kugel ist Kugel, und wenn Ew. Gnaden schon auf Ihre eigene Kugel kaprizirt sein, so leihen Sie's ein von die sechs Mann, die auf ihn feuern werden. —

Löwenschlucht. Sprich nicht von Dingen, die Du nicht verstehst. Was weißt Du Tölpel, wie man eine gekränkte Ehre wieder herstellt.

Peter. O, ich wüßte schon wie. Wenn ich an Ew. Gnaden Ihrer Stell' wäre, ich thät mich gewiß nicht duelliren mit ihm, ich würde zur öffentlichen Privatrache schreiten; in alle Bierhäuser, in alle Kaffeehäuser laufet ich herum, und erzählet die G'schicht, und schimpfet über den Menschen ganz lästerlich.

Löwenschlucht. Mein Arm erreicht ihn, und wenn er im Mittelpunkt der Erde verborgen wäre.

Peter. O, so tief baut man die Arreste jetzt nicht mehr.

Löwenschlucht. Ich sprenge die Thüren seines Kerkers, und fordere ihn.

Peter. Recht so; tummeln Sie sich aber, sonst erschießen ihn die Anderen, ehe Sie ihn erschossen haben.

Löwenschlucht. Folge mir. (Zur Seite ab.)

Peter (allein). Niemand weiß um meine Liebe, sie selbst hat keine Idee, daß ich sie seit sechzehn Jahren im Stillen anbete, und jetzt geht mein Herr hin, erlegt mir meinen Nebenbuhler, dient mir als Werkzeug meiner Gefühle, ohne daß ich mich zu strapazieren brauch', und ahnet nicht, daß er der Schwager meiner Wünsche ist. (Ab durch die Mitte.)

Scene 12.

Kilian. Roserl. Dann Sturm.

Kilian (ist in die Uniform seines Bruders, aber gegen alles Reglement gekleidet).

Roserl (zu Kilian, mit dem sie aus der Seitenthüre tritt). Ich sehe schon, die ganze Verkleidung hilft nichts.

Kilian. Ich weiß nit, was Du immer penzt an mir — wenn ich kein heldenmäßigen Anstand hab', dann weiß ich's nicht!

Sturm (tritt, fröhlich eine Pfeife schmauchend, zur Mitte ein). So, da bin ich; es geht besser, als ich gehofft hätte; man hat mich um verschiedenes befragt, und ich glaube — (Kilians Anzug gewahr werdend.) Aber Meister Blau, wie zum Teufel habt Ihr Euch angeschirrt? (Ihn richtend.) Das muß Alles anschließen. (Heftet ihm am Halse zu.)

Kilian. Das würgt mich.

Sturm. Der Säbel muß so sitzen!

Kilian. Nur nit so weit z'ruck, sonst verhaspel ich mich mit die Wadeln.

Sturm. Und die Mütze so über das linke Auge.

Roserl. Und die Haltung muß so sein, so der Gang, so die Stellung. (Macht es ihm vor.)

Kilian. Nein, Roserl, wie Du das kannst —

Roserl. Dann muß die Sprache etwas Martialisches haben.

Sturm. Etwas fluchen mitunter.

Kilian. Bei mir ist der höchste Fluch: Sapperdipix noch einmal!

Roserl. Warum nit gar! Mord himmeltausend Donnerwetter, flucht ein Soldat.

Kilian. Geh, Du Militairische! —

Sturm. Dann hat man Ihren Bruder selten ohne Pfeifen gesehen, Sie müssen daher vor den Kameraden —

Kilian. Ich kann nit rauchen, aber schnupfen thu' ich unbändig.

Sturm. Das ist nichts, versuchen Sie's einmal. (Will ihm seine Pfeife geben.)

Kilian. 'S thut's nicht, wie ich nur ein Zug mach, so kann man gleich mit pupillarmäßiger Sicherheit auf die Uebligkeit rechnen.

Roserl. Schäm' Dich, das Ding kann unmöglich so schwer sein. (Nimmt Sturms Pfeife und raucht.) Da, schau her.

Sturm. Ah, Du, das wird Dir prächtig stehn, wenn Du einmal Mutter bist, Du ein Zigarr, 's Kind ein Zuzel im Maul; wannst Du's so einschlafern thust. (Macht die dazu gehörige Stellung)

Kilian. Wahrhaftig, das wäre eine ganze Soldatenfrau.

Scene 13.

Vorige. Schlag. Wetter. Knoll. Dornberg.

Schlag (zur Mitte eintretend, zu Kilian): Unser Anführer von Dornberg kommt, Dir die Sentenz des Kommandanten zu verkünden.

Kilian (erschrocken). Sentenz?

Roserl (zu Kilian). Was ist denn das, Sentenz?

Kilian (kleinlaut). Das ist griechisch, und heißt auf deutsch Todesurtheil.

Schlag. Warum nicht gar? Du kommst diesmal noch gut weg. Vom Erschießen oder Festung ist keine Rede, aber Strafe muß sein, sagte der Kommandant, ein Beispiel muß gegeben werden.

Kilian (ängstlich) Was denn zum Beispiel für ein Beispiel?

Knoll (hat durch den Bogen gesehen und sagt): von Dornberg.

Dornberg (tritt durch die Mitte ein, die Sergeanten salutiren, Kilian nicht).

Sturm (stößt ihn etwas in die Seite, darauf salutirt Kilian ungeschickt).

Dornberg. Sergeant Blau, ich habe Euch im Namen des Herrn Kommandanten anzukünden, daß Ihr durch Eure Zurückkunft in den Stationsplatz vom Verdachte einer vorgehabten Desertion frei gesprochen seid.

Kilian (freudig aber leise zu Roserl). Mein Bruder ist salvirt.

Dornberg. Man will aus besonderer Rücksicht Eures oft erprobten Muthes wegen nicht einmal untersuchen, ob Ihr über die Grenze war't. Demohngeachtet sieht sich aber der Kommandant genöthigt, Euer dienstwidriges längeres Ausbleiben zu bestrafen.

Roserl (bei Seite). Himmel, was werden sie mit ihm anfangen!

Dornberg. Ihr habt Arrest.

Sturm (betroffen leise). Alle Teufel! Mein Herr Sergeant Arrest.

Kilian (sehr vergnügt halb für sich). Na, wanns sonst nichts ist! —

Sturm (stößt ihn).

Kilian (laut sich korrigirend). Das heißt, es ist mir schrecklich! Mein unterthänigstes Kompliment!

Sturm (stößt ihn wieder).

Kilian (sich korrigirend). Ich bitte, dem Herrn Kommandanten zu sagen, daß ich sehr gerührt bin über diese kleine Prostitution.

Sturm. Für einen Mann von Eurer Tapferkeit ist es allerdings traurig, im Arrest bleiben zu müssen am Tage einer Expedition.

Kilian (zu Roserl). Hast g'hört, eine Expedition is heut und ich bin derweil im Arrest, das ist herrlich.

Dornberg. Und noch dazu eine Expedition wie die heutige. Auszeichnung, Beförderung wäre diesmal der sichere Lohn Eurer oft bewährten Tapferkeit gewesen.

Kilian (laut in seiner Freude losplatzend). Wenn die Attaque gefahrvoll ist, dann ist es ein wahres Glück.

Sturm (ihn stoßend). Aber zum Teufel!

Kilian (sich korrigirend). Dann is es erst ein wahres Unglück, wollt' ich sagen, daß ich nicht dabei sein kann. Blitz, Donner und Doria, eine Expeditions-Attaque und ich nicht an der Spitze meiner Kameraden, — das Heldenfeuer verzehrt mich und darf sich nicht abkühlen in einem sanften Kugelregen. Uebrigens, wenn's schon nicht anders ist —

Dornberg. Ihr gebt mir Euer Ehrenwort, diesen Ort nicht zu verlassen.

Kilian. Mein Ehrenwort, meinen Schwur, nicht zehn Pferd' sollen mich von da weg bringen.

Dornberg. Euer Seitengewehr.

Kilian (verlegen halb für sich). G'wehr? ich hab' keins!

Sturm (leise zu ihm). Euren Säbel.

Kilian (für sich). Ja so. (Für sich). Seit wann is denn a Sabel a G'wehr? (Will ihn losmachen und bringt ihn nicht aus der Koppel. Sturm hilft ihm schnell; zu Dornberg.) Gleich wer'n wir'n haben.

Sturm (leise zu Kilian). Ueberreicht ihn mit einem schmerzvollen Blick und edlem Anstand!

Kilian (leise zu Sturm). Ich werde meine Arrestanten=Verpflichtungen mit Auszeichnung erfüllen.

Dornberg. Fügt Euch in Euer Schicksal, und somit Gott befohlen! (Zur Mitte ab, Wetter und Knoll folgen ihm.)

Schlag (hat früher schon Roserl bemerkt, zu Kilian). Was hast Du Dir denn da für ein hübsches Mädchen mitgebracht?

Kilian (verlegen) Das is —

Schlag. Einen Arrest in solcher Gesellschaft ließ ich mir gefallen. Du bist doch ein Teufelskerl (Zur Mitte ab).

Scene 14.
Kilian. Roserl. Sturm.

Gertrud (kommt aus Seite rechts). Ich habe Alles gehört, der Herr Sergeant ist gerettet.

Kilian (freudig). Und ich bin in Arrest, dieser Arrest ist meine Leidenschaft, von dem lasset ich nicht, um kein G'schloß.

Roserl. Für mich is das aber eine fatale Situation, ich bin den Herren Sergeanten schon aufg'fallen.

Gertrud. Ziehen Sie einen Anzug von mir an, dann werden Sie nicht so bemerkt; ich kann auch sagen, Sie sind eine Verwandte von mir.

Roserl. Ja, ja, so machen wir's.

Gertrud. Drinn im Kleiderkasten finden Sie Alles, werde Ihnen Alles zeigen. (Roserl geht in die Seitenthür rechts ab.)

Sturm (in lebhaftem Unmuth auf= und abgehend). Daß

mein Sergeant jetzt, ohne es zu wissen, Arrestant ist, Arrestant während einer Attaque, das ist mir ein unerträglicher Gedanke. Wenn sich da eine andere Wendung geben ließe — (von einer Idee ergriffen). Ich versuch's. (Eilt zur Mitte ab.)

Scene 15.

Gertrud. Kilian.

Kilian (über Sturms Benehmen befremdet). Was will er denn?

Gertrud. Ich weiß nicht.

Kilian. Ein eigener Mensch der Herr Sturm.

Gertrud. Ein guter Mensch, ich bin sehr zufrieden mit ihm.

Kilian. Aber barsch, nicht wahr? unendlich barsch is halt so ein militairischer Mann.

Gertrud. Ich möchte gar keinen andern, nur Militair.

Kilian. Da werd' ich nicht in der Gnad' steh'n, denn an mir is jeder Zoll Civil. Ich sag', man braucht gar keinen Krieg, unsereins schon gar nicht; ich bin Bräutigam, ich heirath' jetzt und da haben mir erfahrene Leut' g'sagt, da gibt's all'weil ein klein Krieg z'Haus.

Gertrud. Wieso das?

Kilian. Na man sagt halt, Krieg und Eh'stand soll'n unter gewissen Verhältnissen G'schwisterkinder sein.

Duett.

Gertrud.

Ach geh'n Sie, das leuchtet mir durchaus nicht ein,
Wie der Krieg und der Eh'stand sich ähnlich soll'n sein.

Kilian.

Tausendfältige Erfahrung lehrt über die Sach',
Der Eh'stand gibt keiner Bataille viel nach,
Mit Worten wird blenkelt, bald kommt man in d' Hitz',
:,: Bumsdi, sein beide Theil' da m'it grobem Geschütz.
Im Krieg braucht man Truppen, als wie Sand am Meer,
In der Eh' is jed's einzelne ein feindliches Heer,
Und wenn man Hilfstruppen durchaus haben muß,
D' alten Weiber aus der Nachbarschaft sein der Succurs. :,:

(Jodelt während des folgenden Refrains.)

Kilian.

Ich red' nur vom Hörensag'n, mir is nix bekannt.

Gertrud.

Wir sind friedliche Lampeln gar sanft von Natur,
Von kriegrischem Sinn ist bei uns keine Spur!

Kilian.

Euer Göscherl gebraucht's aber fleißig als Schwert,
Auch die Krampeln hab'n sich schon sehr kriegrisch bewährt.
Zum Beispiel der Mann verhaut Geld eine Summ'
:,: Durch Spione kommt's raus, 's Weib nimmt d' Kasse
mit Sturm.
Kokettirt der Mann einmal auf a Fenster hinauf,
Stellt am Eck' 's Weib als Wache sich auf.
Und g'schieht's, daß der Mann sich in's Haus h'nein verirrt,
Da bleibt's Weib beim Thor steh'n, der Platz is blokirt. :,:

Gertrud.

(Jodelt während des folgenden Refrains)

Kilian.

Ich red' nur vom Hörensag'n, mir is nix bekannt,
Doch vox populi wird auch vox dei genannt.

Gertrud.

Piff, Paff, Puff schallt's im Krieg ohne Unterlaß fort,
In der Ehe ertönet nur zärtliches Wort.

Kilian.

O nein! wann die Gattin auf'm Gatten wird schiech,
Da geht's öfters Piff, Paff, Puff, grad' wie im Krieg.
Fest wie Eisen glaubt der Mann oft zu sein,
Da sprengt's Weib an als Cavallerie und haut ein.
Oft meint man ganz selig, daß Frieden jetzt wär!
Waffenstillstand is's nur vor der neuen la guerre
Erst wenns'n General Sensemann fall'n in die Händ',
Dann is ewiger Fried'n und die G'schicht' hat a End'.

Gertrud.

(Jodelt während des folgenden Refrains.)

Ich red' nur vom Hörensag'n, mir is nix bekannt,
Doch vox populi wird auch vox dei genannt.

(Dann beide rechts ab.)

Scene 16.

Löwenschlucht, Peter dann Kilian.

Löwenschlucht (mit Peter zur Mitte eintretend). Hier bezeichnet man mir seinen Arrest.

Peter. Da wär'n wir ja schon, mir scheint, sie haben Ew. Gnaden für einen Narren g'halten.

Löwenschlucht. Wirst Du das Maul —

Peter. Das is eine Impertinenz! Ew. Gnaden sehen doch im Aeußern kein Kappschädel gleich. (Beide kommen während dieser Reden links im Vordergrund zu stehen).

Kilian (tritt aus der Seitenthür rechts, ohne die beiden zu bemerken, für sich). Ich darf nit drin bleiben, weil d' Roserl Toilett' macht. Aber die Madame Gertrud is a rares Weiberl, die muß im Fasching zu uns kommen, da wird's nachher gehen! (Singt und haut auf, bis er gegen Löwenschlucht kommt; als er diesen erblickt, bleibt er plötzlich ganz verblüfft stehen).

Löwenschlucht (für sich). Er ist's! (Das Bild hervorziehend). Kein Zweifel!

Peter Er steht vor uns.

Löwenschlucht. Ich muß Ihre Lustbarkeit stören, mein Herr.

Peter (für sich). Er tanzt mit dieser Zentnerlast auf dem Gewissen, das muß schon ein starker Bösewicht sein.

Kilian (sich mühsam fassend). Was steht zu Diensten?

Löwenschlucht. Ich bin der Bruder des unglücklichen Fräuleins von Löwenschlucht.

Kilian. Was geht mich die Fräuln an?

Löwenschlucht. Sehr viel, denn ich bin hier, sie zu rächen. — Sie haben ihr Herz bethört. —

Peter (dazwischen redend). Das Mädchen verblendet —

Löwenschlucht (fortfahrend). Sie haben mit glatter Rede —

Peter (wie oben). Den Frieden der reinen Seele getrübt —

Löwenschlucht (sieht Peter scharf und unwillig an).

Peter (dadurch etwas eingeschüchtert). Und die Ruhe des Ideals gemordet — hab' ich nur noch sagen wollen.

Löwenschlucht. Du hast nichts zu sagen. (Zu Kilian gewendet.) Ich schweige von der Kühnheit, daß Sie es wagten, Ihre Augen zu meiner Schwester zu erheben.

Peter (dazwischen redend). Eine Schwester, die —

Löwenschlucht. Wirst Du?! —

Peter (eingeschüchtert). Die wirklich das Muster einer Schwester ist, hab' ich sagen wollen.

Löwenschlucht. Schweig! (Weiter gegen Kilian fortfahrend.) Sie haben aber Ihrer Handlungsweise die Krone aufgesetzt durch die Art, wie Sie meine Schwester verließen und sich aus meinem Hause gestohlen.

Kilian. Wenn ich sonst nir g'stohlen hab', als mich selbst, so is ja das kein Verbrechen.

Löwenschlucht. Keine Ausflucht! Sie werden sich mit mir auf Pistolen schlagen.

Kilian (erschrocken). Was?

Peter (voll Freude, für sich). Jetzt wird er z'samm-g'feuert.

Löwenschlucht. Einer von uns Beiden stirbt, oder Sie heirathen meine Schwester.

Kilian (für sich). Ich muß Zeit gewinnen, bis mein Bruder kommt. (Laut zu Löwenschlucht.) Ich bitte Platz zu nehmen, das is a Sach', über die sich reden läßt.

Peter. Himmel, welche Wendung! (Sinkt in den Stuhl, auf welchen sich Löwenschlucht eben setzen will.)

Löwenschlucht. Zum Teufel!

Kilian. Der Bediente wird schwach.

Peter (sich sammelnd und aufstehend). Es war nur eine Anwandlung. (Bleibt wie vernichtet zur Seite stehen.)

Löwenschlucht (zu Kilian). Nun, mein Herr?

Kilian. Ich sag' keineswegs nein, Ihre Fräuln Schwester is ein süperbes Frauenzimmer.

Peter (bei Seite). O! Das fühlt Niemand so wie ich.

Kilian (zu Löwenschlucht). Auf b' nächste Wochen hab' ich Zeit, da such' ich Jhnen heim, da wollen wir reden über die Sach'.

Löwenschlucht (entrüstet). Herr, glauben Sie, daß diese Abfertigung mir genügt, wenn sich's um die Ruhe meiner Schwester handelt?

Kilian. Lassen Sie sich nur sagen —

Löwenschlucht. Sie unterzeichnen hier diese Schrift. — Es handelt sich um die Ehre, oder —

Kilian (die Schrift besehend). Das ist ein Ehekontrakt.

3*

Löwenschlucht. Allerdings.

Kilian. Sehen Sie, eine Sach' fordert Ueberlegung.

Löwenschlucht (vom Stuhl aufspringend). Das heißt mit andern Worten eine Weigerung.

Peter (bei Seite). Ich lebe wieder auf, er weigert sich.

Löwenschlucht (wüthend). Nehmen Sie Ihre Waffen, folgen Sie mir!

Kilian (für sich). Herrlicher Arrest! (Laut und stolz zu Löwenschlucht.) Wohlan, ich folge! Es wird ein schrecklicher Kampf werden.

Löwenschlucht. So soll es sein.

Kilian. Ein Kampf auf Tod und Leben!

Peter (für sich, triumphirend). Er ist geliefert.

Löwenschlucht. Auf Tod und Leben!

Kilian. Fort, fort! (Beide gehen bis an den Bogen, dann bleibt Kilian plötzlich stehen.) Halt! Halt! Halt! Ich darf nicht.

Löwenschlucht. Was hindert Sie daran?

Kilian. Ich habe Arrest!

Peter (ärgerlich bei Seite). Jetzt wird wieder nix d'raus.

Kilian. Ich kann mich mit bestem Willen nicht duelliren.

Löwenschlucht (mit dem Fuße stampfend). Verfluchtes Hinderniß!

Scene 17.

Vorige. Sturm.

Sturm (ruft jubelnd unter dem Eingange, den Säbel, welchen man früher Kilian abgenommen, hoch emporhebend). Victoria, der Arrest ist aufgehoben!

Kilian (wie vom Donner gerührt). Jetzt fall' ich in Ohnmacht.

Löwenschlucht. Ha, welch' ein Glück!

Peter (für sich). Also doch, der Wechsel der Empfindungen reißt mich z'samm'.

Löwenschlucht (zu Kilian). Kein Hinderniß steht nun mehr im Wege.

Kilian. O, im Gegentheil, ein sehr bedeutendes. Glauben Sie, ich werde ohne schriftliche Ordre des Kommandanten diesen Ort verlassen? Glauben Sie, ich kenne die Pflichten eines Arrestanten so wenig?

Löwenschlucht. Gut, diese schriftliche Ordre werd' ich sogleich besorgen. (Zur Mitte ab.)

Peter. Wir lassen jetzt nicht mehr los in dieser Sache. (Folgt seinem Herrn.)

Scene 18.

Sturm. Kilian. Roserl. Gertrud.

Kilian. Herr Sturm, Ihnen hat ja der Teufel g'ritten, was haben Sie da ang'fangt? (Sich zur Seitenthüre rechts wendend.) Roserl! Roserl! Komm heraus! Das Unglück!

Roserl (als Marketenderin gekleidet, kommt mit Gertrud heraus). Was ist g'schehen?

Kilian. Der grimmige Oberforstmeister war da, fordert mich auf ein Duell heraus, ich entschuldig' mich durch meine Gefangenschaft, kommt dieser Entsetzliche (auf Sturm zeigend) mit Pardonirung, und bringt mich mal à propos um meinen Arrest — es ist zum Verzweifeln.

Sturm. Sie sollten mir danken, statt Vorwürfe zu machen. Was ich gethan, ist für die Ehre Ihres Bruders geschehen. Ich bin zu allen Vorgesetzten gelaufen, die Vorgesetzten zum Kommandanten, und so ist's geglückt. Glauben Sie, Meister Blau, das wäre für Ihren Bruder eine Kleinigkeit, wenn es hieße, er hat während einer Attaque im Arrest bleiben müssen?

Kilian. Wie kann er denn aber, wenn er nicht da ist —?

Sturm. Sie haben es einmal unternommen, seine Stelle zu vertreten —

Kilian (aufschreiend). Und da soll' ich in die Attaque —?

Sturm. Sei'n Sie stolz auf den Ehrenplatz, auf den Sie heute der Zufall stellt!

Kilian. Ich bedank' mich.

Roserl. Nein, Kilian, das geb' ich nicht zu.

Sturm. Mamsell, das ist Sache der Männer.

Roserl. Was? (Zu Kilian.) Du unterstehst Dich nicht, ich verbiet' Dir alle — — —

Kilian. Roserl, da is gar nix zu verbieten, ich geh' um keine Welt, ich hab' für mein' Brudern genug gethan, was z'viel is, is z'viel.

Sturm. Sie können sich unter keinem Vorwand losmachen, als wenn Sie sich zu erkennen geben; dann ist aber auch in einer Viertelstunde das Urtheil über Ihren Bruder gesprochen, und was Ihnen für den Betrug, den Sie gespielt, passiren wird, dafür steh' ich nicht.

Kilian. Gott, das ist eine gräßliche Sach'.

Roserl (die Hände ringend). Mein Kilian is verloren!

Sturm. Warum nicht gar, alle Kugeln treffen nicht, das sieht man an mir!

Kilian. O, Ihr seib's die Kugeln schon gewöhnt; aber unsereins; ich werd' plessirt, Roserl, ich weiß es gewiß, ich werd' plessirt!

Sturm. Ich werd' an Ihrer Seite bleiben.

Kilian. Was nutzt das! Lieber vor mir! Aber das hilft auch nix, so ein Bajonet is lang, wann man's Ihnen zuerst durch'n Leib rennt, so bleibt immer noch genug für mich übrig.

Sturm. Kinderei, und zudem ist so ein Scharmützel meistens in einer Viertelstunde abgemacht. (Es ist mittlerweile dunkel geworden, man hört Trommeln.)

Kilian und Roserl (erschrocken). Himmel, was be= deutet das?

Sturm (eilig den Säbel nehmend und den Helm aufsetzend) Es geht los.

Roserl. Ach!

Kilian (mit schlotternden Knieen). Ich krieg's in die Glieder. Und so spät auf die Nacht, könnt man denn nicht bis Morgen —

Sturm. Muth, Meister Blau, da kommen die Sergeanten, Euch abzuholen.

Scene 19.

Wetter. Schlag. Knoll. Gensdarmen.

Schlag (zur Mitte eintretend, zu Kilian). Wir gratuliren, Bruder Hermann.

Kilian (ganz vernichtet). Ich dank.

Schlag. Siehst Du, jetzt bist Du doch dabei.

Kilian (wie oben). Ja, ich bin dabei. (Man hört aber= mals von Außen ein Trommelzeichen).

Schlag. Geschwind zu Pferde!

Kilian (erschrocken). Zu Pferd? (Zu Sturm). Zu Pferd auch noch?

Schlag. Die Abtheilung zu Fuß ist schon voraus —

Kilian. Ich kann nicht ordentlich sitzen zu Pferd.

Sturm. Im Gedränge wird's schon geh'n. (Man hört von Außen einen Trompetenruf.)

Schlag. Jetzt gilt's!

Kilian (zu Sturm). Darf man nicht einmal Testament machen vorher?

Schlag (zum zögernden Kilian). Vorwärts, Kamerad!

Kilian (Roserl umarmend). Roserl, Du siehst mich nicht mehr.

Schlag. Aha, jetzt eine Liebschaft ist's, die macht uns unseren Hermann fast verrückt. (Man hört Trompeten und Trommeln.) Donnerwetter! Dazu ist jetzt nicht Zeit. Vorwärts! (Faßt Blau am Arm und führt ihn fort, die Uebrigen alle zur Mitte ab. Man sieht die Sergeanten zu Pferde steigen, auch Kilian, welchem Sturm immer zur Seite bleibt, Alle sprengen nach dem Hintergrunde fort. Roserl sinkt auf einen Stuhl, Gertrud ist nur sie beschäftigt.)

Scene 20.
Roserl. Gertrud.

Gertrud. Mamsell, erholen Sie sich!

Roserl (sich aufrichtend). Kilian!

Gertrud. Er ist schon fort.

Roserl (die Hände ringend). Ich Unglückliche, als Braut schon soll ich Wittib werden?

Gertrud. Es kann Alles gut gehen,

Roserl. Vielleicht fällt er vom Pferd und verrenkt sich ein Arm, daß er unterwegs zurückbleiben muß, das is noch meine einzige Hoffnung. (Man hört einen Schuß in der Ferne, zusammenfahrend.) Ach, das is meinen Kilian angegangen! (Man hört mehrere Schüsse). Das wieder! (Schuß.) Das nochmal — Gott, wie richten's mir mein Kilian zu! (Ringt verzweiflungsvoll die Hände.)

Gertrud (tröstend). Aber Mamsell —

Roserl. Wo is ein Bett? Ich stürz' mich in ein Bett und nimm alle Polster übern Kopf, daß ich nur nicht schießen hör — schon wieder! (Schuß) Ach! Bei jedem Knall seh' ich, wie die Kugel in mein Kilian fährt. (Schuß.) Fort! Nur fort! (Stürzt in die Seitenthür rechts ab, Gertrud folgt ihr).

(Im Orchester beginnt, sobald die Bühne leer ist, eine Schlacht=

muſik, während welcher man fortwährend ſchießen hört, nach einer kleinen Weile wird die Muſik ſchwächer, die Schüſſe weniger, Peter wird im Hintergrunde ſichtbar.)

Scene 21.

Peter (allein, tritt, nachdem er ängſtlich im Hintergrunde hin= und hergelaufen, zum Bogen ein. Die Muſik endet). Ich hab' mein Herrn verloren, aber das macht nix, ich bin drauf ab= g'richt, ich ſind' allein nach Haus — wann nur die Bataille nicht wäre, das muß eine Schlacht ſein, wie die Geſchichte nichts Aehnliches aufzuweiſen hat, wann nur Weiber da wären, die haben Herzen — ha (horchend) da hör' ich ängſt= liches Gewinſel, da ſind verwandte Seelen, da klopf ich an. (Klopft an die Thüre rechts.)

Scene 22.

Gertrud, dann Roſerl, Peter.

Gertrud (von innen). Wer da?

Peter (zurückprallend). Himmel ein Mann!

Gertrud (tritt aus der Thür heraus).

Peter (ſich wieder ſammelnd). Nein, ſie hat nur „Wer da?" g'ſagt, is aber ein Frauenzimmer.

Gertrud. Was ſoll's?

Roſerl (in ängſtlicher Haſt aus der Thüre rechts kommend). Keine Nachrichten vom Kriegsſchauplatz?

Peter. Keine, ich bin friedlicher Flüchtling. Doch — was ſeh' ich?! (Roſerl erkennend.) Sie ſind die, die ich heute vor dem Böſewicht gewarnt habe. Sie ſind mir zu unend= lichem Dank verpflichtet, Sie müſſen mich beſchützen.

Gertrud. Was, wir einen Mann ſchützen?

Peter. Ah, reden Sie nicht ſo ſatyriſch! Sie wiſſen nicht, was ich dieſem Geſchöpf (auf Roſerl zeigend) für einen Dienſt geleiſtet.

Roſerl. Ich bitt Ihnen, ſein's ſtad, mein Bräutigam iſt jetzt in der Bataille.

Peter. So? Das iſt g'ſcheit; machens ihm dort den Garaus, da erſparet mein Herr die Müh.

Roſerl (entrüſtet). Wenn jetzt nicht bald —

Peter. Ruhig! Die Erde wird von dem Ungeheuer befreit, auf dieſe oder auf jene Weiſe.

Gertrud (hat hinausgesehen). Da kommt schon Einer zurück.

Scene 23.

Schlag. Die Vorigen.

Schlag (sprengt aus dem Hintergrunde, von Einem begleitet, hervor, steigt vom Pferd).

Roserl. Gott, jetzt werd' ich's hören! (Dem eintretenden Schlag entgegeneilend). Ist mein Bräutigam noch ganz?

Peter. Euer Gnaden, Herr Oberst —

Schlag. Das ist wirklich ein Teufelskerl, der Hermann. Er ist ein Kamerad, auf den wir stolz sein können, doch jetzt ist er wohl am längsten unser Kamerad gewesen.

Roserl (erschrocken). Is er verwundet? Liegt er im Sterben?

Schlag. Pah, der ist hieb- und schußfest, sonst wär's nicht möglich.

Roserl (in höchster Freude). Also frisch und g'sund?

Peter. Da muß ich gleich mein Herrn aufsuchen, der schießt ihn um so sicherer zusammen. (Zur Mitte ab).

Schlag. Aber mit der Kameradschaft ist's doch aus, auf seine heutige Bravour kann ihm die Anführerstelle einer Abtheilung nicht entgehen. Ihm gebührt der Preis, das kann ihm Niemand streitig machen.

Roserl. Das geht ins Fabelhafte. Was für ein Geist is in mein Kilian g'fahren. (Man hört Trompetenmusik.)

Knoll, Wetter, Kilian (kommen zurück und steigen vor dem Eingange von den Pferden).

Scene 24.

Alle. Vorige.

Alle (jubelnd zur Mitte eintretend). Es lebe Hermann Blau!

Kilian. Ich dank, ich dank allerseits.

Roserl (ihm entgegeneilend). Kilian!

Kilian (sie umarmend). Roserl!

Roserl. Wie bist denn Du auf einmal tapfer wor'n?!

Kilian. Ich? Mein Bruder sein Schimmel muß drauf abg'richt sein, ins Feuer zu gehn. Ich hab mich aus Leibskräften ang'halten am Zaum, wie wir fortgeritten sein; wie wir aber aus'm Hohlweg hinauskommen, fang' ich un=

geheuer zu wackeln an, ich laß den Zaum fahren und pack'
mit alle zwei Händ' den Sattelknopf, die Assekuranz=
Anstalt für schlechte Reiter; der Schimmel fangt zu
galoppiren an, wie ein Narr, und mitten in's Massacre
hinein, er muß das von mein' tapferen Brudern aus
g'wöhnt sein. Ich mach' d' Augen zu in einer Verzweiflung,
und glaub' d' längste Zeit, ich bin schon todt, da bringt
mich auf einmal ein Viktoria=Geschrei zur Besinnung. Alles
umarmt mich — ich weiß noch nicht, is es Ernst oder
G'spaß!

Schlag (mit den Sergeanten). Freund Hermann, nimm
unsern herzlichsten Glückwunsch! (Umarmen ihn.)

Sturm (für sich). Das übersteigt meine Erwartung.

Kilian (für sich). Ich kenn' mich noch gar nicht aus.

Scene 25.

Herr von Löwenschlucht. Vorige.

Löwenschlucht (ist schon früher eingetreten, und tritt dicht
an Kilians Seite). Nun, mein Herr, lassen Sie uns ohne
Zögern unsere Sache ausfechten.

Kilian. Ach, Sie sind ein indiskreter Mensch, Sie
lassen ein' ja gar nicht zu Athem kommen, glauben Sie
denn, das geht so in ein' fort, Bataille, Duell! — Gehen's
zum Teufel!

Löwenschlucht. Möglich; aber wahrscheinlich werd'
ich Sie zur Hölle senden. Ich weiche Ihnen nicht mehr
von der Seite.

Kilian (für sich). Nein, wirklich, unter solchen Ver=
hältnissen Zwilling zu sein, da gehört eine Geduld dazu.

Schlag. Von Dornberg. —

Knoll. (hat hinausgesehen, dann zu Kilian). Blau, das
wird Dich angeh'n!

Scene 26.

v. Dornberg. Ordonnanz. Vorige.

Dornberg (mit Ordonnanz zur Mitte eintretend, zu Kilian).
Herr Sergeant Blau, folgen Sie mir zum Kommandanten,
um den Lohn Ihrer Tapferkeit zu empfangen. Worin derselbe

bestehen wird, das mag dieser Handschlag Ihnen im vorhinein verkünden. (Er reicht ihm die Hand und umarmt ihn.)

Schlag (zu den Uebrigen). Beförderung! Wie ich gesagt, 's ist schon richtig.

Kilian (zu Dornberg). Ich bitt' unterthänig —

Dornberg. Der Kommandant erwartet uns.

Chor.

Wer stets voran eilt in den Streit,
Verdient den Lohn der Tapferkeit!

Kilian (geht in großer Verlegenheit mit Dornberg ab, Alle folgen. Fackelträger begleiten die Abgehenden nach dem Hintergrunde).

Roserl, Gertrud, Sturm (bleiben jubelnd zurück).

--- --

Dritter Akt.

Seitenpartie im Garten auf dem Schlosse des Marquis Saintville, rechts im Hintergrunde ein Hollundergesträuch, links im Vordergrund eine Rasenbank.

Scene 1.

Dienerschaft und Gärtnerleute (beiderlei Geschlechts). Waldau. Thomas.

Chor. Hoch! Vivat!
(Alle freudig.)

Chor. So lang' das Schloß steht, hat's so was net geb'n!

Waldau. Es ist ein Fall, der sich so bald nicht wieder ereignet, der ganzen hier stationirten Gensdarmentrupp' zu Ehren wird ein Fest gegeben. — Dort auf dem Rondeau der Terrasse gegenüber wird das Zelt zur Tafel aufgeschlagen, sage den Leuten, in einer Stunde muß alles fertig sein.
(Alle links ab.)

Scene 2.

Marquis. Waldau.

Marquis (im Gespräche mit Waldau von rechts). Mein alter Freund Löwenschlucht hätte mich bald in Verlegenheit gesetzt und mein Freudenfest durch blutgieriger Haß gegen die Hauptperson desselben in einen Schauplatz der Trauer verwandelt.

Waldau. Euer Gnaden haben aber mit begütigenden Worten den Löwen bereits gezähmt.

Marquis. Ich habe noch mehr gethan, ich will als Vermittler in dieser Ehren= und Liebessache auftreten, und habe deshalb heimlich eine Einladung an das Fräulein von Löwenschlucht gesandt, als käme selbe von ihrem Bruder, sie ist bereits schon hier auf meinem Schlosse; wenn dann die Leute hier unverhofft zusammentreffen, gleicht sich vielleicht Alles auf's Erfreulichste aus. Meine Arrangements sind noch stets gelungen.

Scene 3.

Vorige. Ein Bedienter. Peter.

Bedienter (von rechts). Ein Brief vom Herrn Komman= danten.

Marquis. Ah, vom Kommandanten. (Erbricht schnell und liest, Bedienter ab.)

Peter (von links auftretend, zu Waldau). Sie ist hier, ich habe sie gesehen.

Waldau. Still, der gnädige Herr liest.

Peter. Sie ist hier auf dem Schlosse.

Waldau. Wer?

Peter. Die Schwester von mein' gnädigen Herrn.

Waldau (für sich). Daß doch das neugierige Dienstvolk Alles ausspürt. —

Marquis. Der Inhalt dieses Schreibens ist unerwartet, mir aber von großer Wichtigkeit, schade, daß er mir die Gegenwart des liebsten Gastes, des tapferen Hermann Blau, entziehen wird. Fatal das, sehr fatal! Kommen Sie, Waldau.

Waldau (zu Peter). Und er beobachtet das strengste Stillschweigen über die Anwesenheit des Fräuleins.

Marquis. Ja, ja, Freund, sein Herr darf noch nichts davon erfahren. (Für sich.) Der Mensch könnte mir Alles verderben. (Mit Waldau links ab.)

Scene 4.

Peter. Dann Cordelia. (Von rechts.)

Peter (allein). Man hat das Fräulein hierher gelockt

ohne Wissen ihres Bruders, das riecht nach böser Absicht — sollte vielleicht gar der Marquis — Alles eins, ich agire als heimlicher Beschützer. — Dort kommt sie, g'schwind hinter die Gebüsche. (Verbirgt sich.)

Cordelia (von rechts). Die Luft in den Zimmern ist so ängstlich drückend, hier fühl' ich mein Herz erleichtert.

Peter (für sich). Auch mir wird wieder wohl, weil ich in ihrer Nähe athme.

Cordelia (setzt sich auf die Rasenbank). Wie lieblich hier die Blumen duften!

Peter (wie oben). Sie lobt die anderen Blumen, und ist doch selbst die schönste Blume.

Cordelia. Welchen Zweck kann mein Bruder haben, mich zu einem Feste zu nöthigen?

Peter (wie oben) Arme Getäuschte!

Cordelia. Wer sein Glück nur in Träumen findet paßt nicht zu wirklichen Freuden.

Peter (wie oben). Ganz mein Zustand. Auch mein Glück ist ein leerer eitler Traum.

Cordelia. O, könnt' ich jede Erinnerung verbannen! (Sinkt mit dem Kopf auf die Lehne der Rasenbank.)

Peter (vortretend). Mir scheint, der Himmlischen ist übel wor'n — ja — (nähert sich). Fräulein Cordelia — (mit vieler Zartheit) Cordelia —

Cordelia (unwillig). Was soll's?

Peter. Ich hab g'rad' überlegt, ob ich ein Wasser oder ein Essig holen soll.

Cordelia (mürrisch). Was hast Du im Garten zu suchen?

Peter. In den Zimmern is die Luft so ängstlich drückend —

Cordelia. Pack Dich!

Peter. Von ihr „Pack Dich" zu hören, das klingt reizender, als wenn eine sagt: komm in meine Arme!

Cordelia. Was zögert denn der Dummkopf?

Peter (mit Zartheit). Ich gehe schon. (Für sich.) Wenn sie „Dummkopf" sagt, welcher Geist liegt in so einen Dummkopf — (entzückt). Sie ist ein Ideal. — (Laut.) Ich gehe schon — (schmachtend zurückblickend). O, ja ich gehe schon. (Rechts ab.)

Scene 5.

Cordelia. Dann Kilian.

Cordelia (allein). Wo mag er weilen, der Undankbare, der mich so tief gekränkt! (Links in die Scene sehend.) Ist's möglich — die veränderte Uniform; nein, nein, er ist es nicht — und doch — ja — Hermann ist's, er kommt hierher!

Kilian (tritt von links auf, ohne Cordelia zu bemerken). Das Fest da auf'm Schloß g'fallt mir recht gut, wenn man aber z'Haus ein Fest hat, als wie ich, da vertauscht man sein Haus um kein G'schloß; und wann ich meine ganze Situation bedenk', so wollt' ich halt doch, ich wär' a paar Meilen weit von hier.

Cordelia (vortretend). Ahnen Sie vielleicht meine Nähe, und ist Ihnen diese so verhaßt?

Kilian (äußerst befremdet). Ich bitt — wie befehlen die gnädige Frau?

Cordelia (entrüstet). Frau?

Kilian (sich verbessernd). Oder Fräulein, wie es gefällig ist.

Cordelia. Dieser Empfang ist mir neuer Beweis Ihrer niedrigen Denkungsart.

Kilian (verlegen). Bitt' um Entschuldigung.

Cordelia (für sich). War dies Herz noch nicht genug gekränkt?

Kilian (für sich). Das scheint eine Plombirte zu sein, das kenn' ich an der düstern Farbe ihres Gemüths; da müssen wir suchen, durch eine Beimischung von Trost eine sanftere Schattirung hervorzubringen. (Laut.) Ja, ja, so sind die Männer! Glauben Sie mir, die Liebe dieser Schöpfungs-Herren ist selten echtfarbig, drum geht's so leicht aus. —

Cordelia. Wie? So spricht der, der selbst —

Kilian (einfallend). Der selbst Mann ist, aber eben deswegen des Geschlechtes schlechte Seite kennt. Uebrigens, wann Eine auch Einer betrügt, der Erdball wimmelt ja von anderweitigen Individuen. Sein Sie g'scheit —

Cordelia (unterbricht ihn.) Treuloser, Du verdienst es nicht, aber wisse, Du hast mir die Welt gemordet. Denn meine Welt war meine Liebe —

Kilian. Ich bitt' Ihnen —

Cordelia. Ich bedarf nicht Deines Trostes, mit einem Kranze auf der Bahre wird man Cordelia von Löwen= schlucht zur Grube tragen.

Kilian (hat früher geschnupft und niest unwillkürlich. Erstaunt für sich). Was? Löwenschlucht? Das is ja hernach mein' Brudern seine Geliebte, und sie halt' mich — da hab' ich ja enorm dumm daher gered't. (Laut) Cordelia! (Für sich.) Ich glaub' wenigstens, Cordelia hat's gesagt. (Laut und mit erkünsteltem Gefühl.) Cordelia!

Cordelia. O schweige, der Ton kommt nicht aus Deinem Herzen. — O! — (Bricht in Thränen aus.)

Kilian (für sich). Mein Bruder is a Hallodrie, das seh' ich schon. (Laut.) Ich begreif' wirklich nicht, wie so viele Liebenswürdigkeit — (Sehr zärtlich.) Cordelia!

Cordelia. Willst Du zum zweiten Male mich bethören?

Kilian (für sich). Ich bin da in einer balketen Situation. (Laut.) Cordelia!

Cordelia (schwärmerisch). So sprachst Du an jenem Abend — wo ich die Strickleiter über die Gartenmauer warf, wo wir Schwüre ewiger Liebe gewechselt.

Kilian. Richtig!

Cordelia. Wo Deine Worte so süß erklangen.

Kilian. Richtig!

Cordelia (hat ein Packet verloren, ohne es zu bemerken). An dem Abend, wo wir den Plan verabredeten, daß ich mit Dir fliehen — O — (Sie weint.)

Kilian (für sich). Wann ich nur mit geschickter Manier abfahren könnt'.

Cordelia (bemerkt den Verlust des Packets). Ha, meine Blumen, wo sind sie?

Kilian. Was für Blumen?

Cordelia. Die Du mir einst —

Kilian. O Zeckerl, da steh' ich mit'n Absatz d'rauf!

Cordelia. Vernichtet hast Du sie, wie mich.

Kilian. Na, wir wer'n schon wieder andere —

Cordelia. Nein, Hermann, nie, nie! (Sinkt weinend an seine Brust.)

Kilian (für sich). Jetzt ist der Moment, wo ihr mein

Bruder a Bussel geben muß, ich will ihr wenigstens einen
zärtlichen Handkuß — (Küßt sie.)

Cordelia. Nein, Verräther, das kommt nicht aus
Deinem Herzen!

Kilian (für sich). Sie is nicht zu beruhigen.

Scene 6.
Vorige. Peter.

Peter (von links). Ha, er ist bei ihr! (Bleibt erstaunt
stehen.)

Cordelia. Der Bediente meines Bruders! (Zu Kilian.)
Flieh', ich bitte Dich.

Kilian. Diese Bitte kann ich Dir nicht abschlagen.
Leb' wohl, Cordelia, auf Wiedersehen! (Links ab.)

Cordelia (zu Peter). Nun, was ist's?

Peter (mit gebrochener Stimme). Nichts, garnichts.

Cordelia. Hat Dich mein Bruder gesendet?

Peter. Nein, ich komme von selbst!

Cordelia. Der unausstehliche Tölpel! — (Aergerlich
rechts ab.)

Scene 7.
Peter (allein).

Peter. Was hab' ich gesehen? Er war bei ihr —
(Brütet über einen Plan.) Ja, ja, — das wird jetzt dem
Marquis gesteckt, Herrlicher Plan! Die verborgene Leidenschaft des Marquis muß mir jetzt als Werkzeug der Zer-
störung dienen. (Erblickt das zertretene Packet.) Ha, diese
Blumen! — (Hebt es auf.) Glückliche Blumen, ihr zarter
Fuß hat auf Euch geruht. (Küßt das Packet.) So möchte ich
auch enden. Nur a sechs, a acht Jahrl'n so fortgeschmiedet,
derweil hat sie die Liebenswürdigkeit für immer überstanden,
und mein großer Zweck ist erreicht: sie welkt mit mir zugleich dem Grabe zu. Das ist so meine Schwärmerei, und
soll ich mich dieser Schwärmerei schämen? O nein!

Verwandlung.

(Gallerie im Schlosse, im Hintergrunde ein Vorhang, rechts vorne die
allgemeine Eingangsthür, weiter zurück eine Thür, welche in die
Zimmer des Marquis führt. Links vorne eine Tapetenthür.)

Scene 8.

Roserl und Sturm (treten von der Seitenthüre rechts vorne auf.)

Roserl. Ich kann Ihnen nicht sagen, mein lieber Herr Sturm, wie ängstlich mir um's Herz ist, ich krieg' mein' Kilian gar nicht zu sehen.

Sturm. Seien Sie ruhig, der Bruder muß ja doch einmal zurückkommen.

Roserl. Aber wann? Und was kann bis dahin —?

Sturm. Wir wollen das Beste hoffen. Ich habe alle Anstalten getroffen, daß, wenn er kommt, er sogleich —

Scene 9.

Vorige. Kilian.

Kilian (aus rechts vorne). Ich bin verloren, Roserl. Gut, daß ich Dich find', ich bin verloren!

Roserl. Himmel, was ist geschehen?

Kilian. Ich bin verloren!

Roserl. Red', Kilian, red'!

Sturm. Sie haben den Kopf verloren, sonst ist nichts.

Kilian. Der Herr Marquis hat ein' Brief vom Kommandanten kriegt. —

Roserl (ängstlich). Und was steht da drin?

Kilian. Das weiß ich nicht, aber den Kammerdiener sein Schwiegersohn hat mit'n Stallmeister seiner Schwester g'sprochen, und die hat vom Zimmerwarter seiner Mahm erfahren, daß der Brief mich betrifft.

Sturm. Hm! Daraus folgt noch nichts.

Kilian. Nichts, garnichts, als daß Alles entdeckt ist, daß mein Bruder erschossen wird, wenn's ihn kriegen, daß' mich erschießen, weil's mich schon haben, und daß meine Roserl bald statt ein lebendigen Färbermeister eine Leiche in die Arme schließen wird. (Erschrocken nach der sich eben öffnenden Seitenthüre rechts rückwärts blickend.) Ach, der Marquis!

Scene 10.

Vorige. Marquis (von rechts).

Marquis (mit einem offenen Brief und mehreren großen Papierrollen in der Hand). Gut, daß ich Sie finde, mein Bester, ich habe Ihnen Wichtiges zu verkünden.

Kilian (mit zitternder Stimme zu den Anderen). Mein Todesurtheil, jetzt wird's publicirt.

Sturm (leise zu ihm). Seid kein Narr, Meister!

Marquis. Seh'n Sie dieses Schreiben des Herrn Kommandanten — (erblickt Roserl.) wer ist denn dieses Frauenzimmer?

Kilian (verlegen). Das, das is — das is —

Sturm. Das ist meine Frau, die Marketenderin, und da unsere ganze Truppe zum Feste geladen ist, so habe ich —

Marquis. Die Frau auch mitg'nommen; nun das ist recht, laßt uns aber jetzt allein. (Geht.)

Kilian (zu Roserl). Du, mir wird übel.

Roserl. Sei doch g'scheit!

Kilian. Eine Umarmung, die letzte vielleicht dießseits der Ewigkeit! (Umarmt sie).

Marquis (der in den Papieren geblättert). Sehen Sie! (Erblickt die Umarmung). Was ist denn das?

Sturm (zu Kilian). Is nur meine Frau!

Marquis. Der Auftrag des Herrn Kommandanten ist höchst ernster Art.

Kilian (verlegen). O ich bitte. (Roserl und Sturm ab).

Scene 11.

Marquis. Kilian.

Marquis. Ihr Kommandant hat die Nachricht erhalten, daß zehn Meilen jenseits der Grenze die Räuber-Einfälle immer mehr überhand nehmen: die Sache betrifft mich besonders, weil der Schauplatz dieser Scharmützel sich auf eines meiner Güter zieht; der Anführer der dort stationirten Gensdarmen-Abtheilung „Bellmont" ist vor wenigen Tagen als Opfer seines Muthes geblieben.

Kilian. Der Bellmont? Is mir unendlich leid um den Bellmont! (Für sich). Ich hab' nicht die Ehre gehabt!

Marquis. Auf den Posten des Gefallenen muß der Kommandant einen Mann hinsenden —

Kilian (einfallend). Freilich, da muß er Einen hinschicken.

Marquis (fortfahrend). Einen Mann —

Kilian. Der sich nichts drans macht, wenn er auch fallt.

Marquis. Einen Mann, dessen Heldensinn die Spanne Lebens für nichts achtet, einen Mann von erprobter Tapfer= keit und der Mann sind Sie! (Sieht wieder in seine Papiere).

Kilian (ganz kleinlaut). Was haben's g'sagt?

Marquis (in den Papieren blätternd). Die Bravour, die Sie gestern bewiesen, ist Bürge für Ihre künftigen Thaten.

Kilian (sich mühsam sammelnd). Das ist zu schmeichelhaft!

Marquis. Da sich aber, wie gesagt, der Schauplatz dieser Aktionen auf meine dortige Besitzung zieht, so will ich Ihnen hier die Situations=Pläne zeigen.

Kilian. Aha, die Pläne — schau'n wir's halt an! (Für sich). Mir woiselt Alles vor den Augen. (Sich selbst Muth einsprechend). Na, es wird ja doch mein Bruder —

Marquis. Es ist der Wunsch des Kommandanten, daß die bebauten Theile des Gutes, so viel es der Dienst verträgt, geschont werden. Ihre Aufgabe ist es daher, die Aktionen in die höher gelegenen hinüber zu ziehen.

Kilian. Wie's gefällig ist.

Marquis. Hier können Sie sich gleich orientiren. (Zeigt ihm die Pläne.)

Kilian (in die Papiere sehend). O ja, ich orientire mich sehr gut. Das Grüne aber da is sehr fleckert in der Farb'.

Marq. Das ist eben der Wald, welcher Ihnen meines Erachtens bei der Expedition von großem Nutzen sein kann; Sie können diese Schlucht als Defilé benutzen.

Kilian. Die Schlucht als Defilé? Ja, das können wir thun.

Marquis. Ich sehe, daß wir in unsern Ansichten übereinstimmen.

Kilian. Vollkommen — Aeußerste Uebereinstimmung.

Marquis (giebt ihm die Papiere). Behalten Sie gleich die Pläne.

Kilian. Wie Sie befehlen.

Marquis. Das Unangenehmste ist nur, daß Sie vor beendigtem Feste in längstens drei Stunden abreisen müssen.

Kilian (erschrocken). In drei Stunden!

Marquis. Mir ist diese Eile gewiß unangenehmer als Ihnen.

4*

Kilian (für sich). Das' glaub' ich g'rab' nicht. (Laut) Sollte man denn da gar keinen Aufschub —

Marquis. Sie kennen die Strenge des Dienstes sowohl als die des Kommandanten! —

Kilian. Verfluchte G'schicht'! Das is halt für einen Menschen, der heirathen will, und der überdies —

Marquis (lächelnd). Aha, ist es das?

Kilian (für sich). O, jetzt hätt' ich mich bald verschnappt.

Marquis (für sich). Es wird gehen, so wie ich mir gedacht. (Laut). Diese Heirath anbelangend, habe ich bereits so manche Einleitung — mit einem Wort, rechnen Sie dabei ganz auf meine Verwendung. Auf Wiedersehen, mein Bester. (Geheimnißvoll lächelnd). Ich hoffe auf ein recht fröhliches Wiedersehen. (Rechts rückwärts ab.)

Scene 12.

Kilian. Dann Löwenschlucht.

Kilian (allein). Jetzt wird's mir zu bunt, für was für eine Heirath will sich denn der verwenden? Wenn nur mein Bruder einmal da wär'!

Löwenschlucht (von rechts rückwärts). Sie suchte ich schon überall, mein Herr.

Kilian (betroffen für sich). Der Löwenschlucht, der Mann is mir als wie eine lebendige Daumschrauben, ein personificirter dritter Grad der Tortur.

Löwenschlucht. Ich komme diesmal nicht, Sie herauszufordern.

Kilian. Nicht? Na, das ist schön von Ihnen.

Löwenschlucht. Wiewohl das der eigentliche Zweck meines Hierseins war.

Kilian. Nein, nein, das müssen's Ihnen ganz abg'wöhnen.

Löwenschlucht. Die Bitten und Vorstellungen des Herrn Marquis haben meinen gerechten Zorn gemildert, hier ist Ihr Porträt, hier Ihre Briefe an meine Schwester. (Giebt ihm Beides.) Geben Sie mir die von meiner Schwester zurück. —

Kilian (in großer Verlegenheit). Die Brief' soll ich z'ruckgeben, die Ihre Schwester an mich g'schrieben hat?

Löwenschlucht. Nicht Einer darf in Ihren Händen bleiben. (Mit Nachdruck.) Verstehen Sie mich?

Kilian. Die Briefe. — Ja, sehen Sie, mein bester Herr von Löwenschlucht, ich hab' sie nicht bei der Hand:

Löwenschlucht. Keine Minute Aufschub; ich gehe Ihnen nicht von der Seite, bis Sie mir die Briefe geben.

Kilian (für sich) Höllen-Existenz! (Laut.) Ich habe diese Briefe verbrannt.

Löwenschlucht. Das glaub' ich Ihnen nicht.

Kilian. Wie ich Ihnen sage, sie sind verbrannt.

Löwenschlucht. Sie wollen mich noch zum Besten halten, Herr, das ändert die Sache, und bei der Herausforderung —

Kilian. So sein's nur nit gleich wieder in der Hitz', das steht Ihnen so gut, wenn Sie sanft sein, da sind Sie so ein lieber Mann.

Löwenschlucht. Meine Geduld hat ein Ende, nur mit Blut kann die Sache —

Kilian. Recht, mit Blut, aber mit kaltem Blut kann die Sache ausgeglichen werden. (Für sich.) Halt, da kommt mir ein Gedanken, auf diese Art kann ich mich vielleicht von der Sendung gegen die Raubzüge befreien.

Löwenschlucht. Wozu das Zögern, entweder — oder!

Kilian. Bleiben wir beim Entweder. Sollte denn die Sache nicht durch eine Heirath zwischen mir, nämlich Hermann Blau einerseits und dem Fräulein Schwester andererseits, ausgeglichen werden können?

Löwenschlucht (überrascht). Verstehe ich Sie recht? Wahrlich, Sie sind ein braver Mann, Herr Blau, jetzt begreif' ich Ihr Benehmen. Was Ihr Heldensinn meinen Drohungen versagt hat, das gesteht Ihr edles Herz mir freiwillig zu.

Kilian. Die Mariage wird also geschlossen.

Löwenschlucht. In meine Arme, Schwager! (Umarmt ihn stürmisch).

Kilian (für sich). Mit welcher Zuversicht als ich abschließ' für mein Brudern, der wird schau'n!

Löwenschlucht. Vergessenheit meiner vorigen Härte! (Reicht ihm die Hand). Nur Eintracht und Bruderliebe — wahrhaftig ich bin so gerührt — (trocknet sich die Augen).

Kilian (für sich). Da muß ich schon auch einige Rührung zeigen! (Sich zwingend, eine gebrochene Stimme anzunehmen). Gewiß, die Verbindung mit Cordelia ist die Krone meiner — (bricht in Thränen aus).

Löwenschlucht. Meine Brust muß sich durch Freudenthränen Luft machen. (Weint auch). An mein Herz, Bruder! (Beide stürzen sich laut weinend in die Arme).

Scene 13.

Vorige. Peter.

Peter (von rechts vorne, sieht die Umarmung und bleibt ganz erstaunt stehen). Er umarmt ihn und ich hab' d'rauf g'rechnet, daß er'n erschießt. So werden doch alle meine Hoffnungen getäuscht! (Ohne von Beiden bemerkt worden zu sein, rechts vorne ab).

Scene 14.

Vorige. Ohne Peter.

Löwenschlucht. Männer verstehen sich schnell.

Kilian. Und wir sind a paar kuriose Männer. Jetzt ist aber noch ein Casus, ich soll's Kommando gegen die Raubzüge übernehmen, in drei Stund' muß ich fort.

Löwenschlucht. Ist es möglich?

Kilian. Wenn ich heirathen soll, ist es nicht möglich; wir brauchen doch zweimal vierundzwanzig Stund' bis zum Verlobungsfest, dann vergehen noch acht Tag' bis zu der Hochzeit wie nix, wie kann ich da in drei Stund' bis zu die Räuber?

Löwenschlucht. Da muß Aufschub erwirkt werden.

Kilian. Ja Aufschub is die Hauptsach', das ist der eigentliche Zweck.

Löwenschlucht. Ich will Alles d'ran setzen, ihn zu erwirken. Lebt wohl indessen, Schwager, ich spreche mit dem Kommandanten, mit dem Marquis, es wird Alles von mir in Ordnung gebracht. (Ab im Hintergrunde rechts).

Scene 15.

Kilian (allein).

Kilian (allein). Ich werd' doch ein Bruder sein, der sich g'waschen hat — was ich alles thu' und unternimm! Na,

wenigstens erreich' ich meinen Zweck und rett' mein Brudern
vom Unglück, ich kann doch sagen, ich bring' mein Geld
dabei heraus; und das is eine sehr gewichtige Red'. Man
glaubt nicht, wie selten man im Leben mit Wahrheit sagen
kann, da bring' ich mein Geld dabei heraus.

Couplet.

Sie laden ein' d' Leut' zu ein Hausconcert ein,
Man opfert den Ab'nd, um nicht unhöflich z' sein.
A Sohn von zwölf Jahr'n, man möcht' hinausfahr'n beim Dach,
Der geig'nt, macht den Beriots Tremolo nach.
Die Tochter hat a Stimm', die zerreißt ein' das Ohr,
Tragt die Arie aus Belisar vor. ---
Der jüngst' Herr Sohn, der das Haupt=Genie ist,
A Bub' von neun Jahr'n spielt Etüden von Liszt,
Und man muß All's dreimal hör'n vor lauter Applaus.
Da bringt man, auf Ehre, sein Geld nicht heraus.

Früher hab' ich manch' Wirthshaus recht gern frequentirt,
Man hat gessen und trunken, und mit d' Freund diskurirt,
Jetzt muß man allweil Musik hör'n, und dann wie schön!
A Paar steig'n auf'n Tisch und spiel'n da a Scen'.
Und wer bei solchem Kunstgenuß laut red't, riskirt,
Daß er von d' Enthusiasten hinausg'worfen wird.
Is a Paus'n, a gottscheber Bub ein überlauft,
Daß wir ihm Actien auf a Pom'ranzen abkauft.
's wird ein völlig der Kopf dumm, man wär lieber z' Haus.
Da bringt man, auf Ehre, sein Geld nicht heraus.

A Landpartie machen en famille is sehr schön,
Doch is dabei viel Gift und Gall' auszusteh'n;
Da hat's kleine Mad'l in d' Erdbeer' sich g'setzt,
Da der Sohn sich beim Baumkraxeln d' Hosen durchg'wetzt,
Ein Chevalier führt die Tochter, er is eing'lad'n wor'n,
Die geh'n einmal z'weit hinten, dann wieder z'weit vorn;
Beim Essen da raufen die kleinsten zwei Buben
Und schütt'n auf d' Mama a Saucier rothe Rub'n.
In ein Hauptverdruß kommen's auf d' Nacht Alle z' Haus,
Da bringt man, auf Ehre, sein Geld nicht heraus.

Scene 16.

Peter — Roserl (kommen aus rechts vorne).

Peter. Wie ich Ihnen sag', so ist's.

Roserl. Mir scheint, der Herr is verruckt.

Peter. Die Fräul'n hat er im Garten, den Brudern im Zimmer umarmt, Heirath dürfte die Folge sein!

Roserl. Wer weiß, was der Herr g'seh'n hat.

Peter (dringend). Mädchen, auf Dir allein beruht meine Hoffnung, Du kannst diese Schreckens=Mariage hintertreiben.

Roserl. Laß' mich der Herr ungeschoren!

Peter. Dich hat er ja auch geliebt, laß' ihn nicht aus, zieh' ihn wieder an Dich, zeige es, daß Deine Schönheit keine Chimäre is — Mädchen (knieend), biete Alles auf, ihn wieder zu erwerben!

Kilian (aus links).

Scene 17.

Vorige. Kilian.

Peter. Oh! —

Roserl. Kilian, da schau Dir den Narren an!

Peter (erschroden, steht auf). Jetzt dürfte ein empfindliches Strafgericht über mich ergehen! --

Kilian. Haha!

Peter. Er lacht — er sieht mich zu ihren Füßen und prügelt mich nicht? Das ist vollendete Gleichgültigkeit gegen dieses Fräulein.

Kilian. Fahr' der Herr ab!

Peter (traurig). Und er prügelt mich nicht! — Wie glücklich wär' ich, wenn er mich tüchtig durchg'wichst hätt! (Ab).

Scene 18.

Vorige ohne Peter.

Roserl. Er hat g'sagt, Du hast a Fräul'n umarmt!

Kilian. Umarmt, das wüßt' ich wirklich nicht, gered't hab' ich mit dem Fräulein Löwenschlucht.

Roserl. Gered't also doch! — Ohne Zweifel von Liebe und Heirath! —

Kilian. Es ist ja nur weg'n mein' Bruder g'wesen, ich verschieb' die Hochzeit von ein'n Tag zum andern, bis der Bruder kommt —

Roserl. Das wär' net übel, da wer'n wir um eine Aenderung bitten!

Kilian. Aber laß Dir nur erst den Grund, warum ich —

Scene 19.

Vorige. Marquis (von rechts).

Marquis. Lieber Freund. (Roserl erblickend). Madame, lassen Sie uns allein!

Roserl (knixend). Wart nur!

Kilian. Nein, bös' darfst Du nicht von mir gehen! — Ein Bussel, Roserl! (Küßt sie, Roserl ab).

Scene 20.
Marquis. Kilian.

Marquis. Aber mein Bester, solche Späße müssen Sie lassen!

Kilian (verlegen). Es war nur —

Marquis. Sie scheinen ein etwas loser Vogel zu sein — liebster Freund, nun, der neue Stand, in den Sie treten —

Kilian (frappirt). Ein neuer Stand?

Marquis. Ja, ja, mein Freund! Dieses Schreiben wird Sie angenehm überraschen, es geht Alles schneller, als Sie glauben, der Kommandant schreibt mir hier, daß er Ihre Dienste bei der bewußten Expedition durchaus nicht missen und nicht den kleinsten Aufschub gewähren kann! —

Kilian. Also kein' Aufschub?

Marquis. Demungeachtet soll der Dienst diesmal den Wünschen Ihres Herzens nicht störend entgegen treten. Nun, Freund, ahnen Sie noch nichts?

Kilian. Nicht das Geringste!

Marquis. Ihre Verbindung mit Fräulein von Löwen= schlucht wird also gleich vollzogen werden, in der Schloß= Kapelle — noch diese Stunde — werden Sie getraut!

Kilian. Mich trifft der Schlag!

Marquis. Der Kommandant, den ich jeden Augenblick erwarte, wird selbst Zeuge Ihrer Verbindung sein. — Adieu indessen, lieber Freund! (Ab.)

Scene 21.

Kilian. Dann Sturm, Wetter und Schlag.

Kilian. Mandelmili, Lemonadi, G'frorn's! Mir bleibt die Stimm' aus — ich hab' viel für mein' Brudern gethan, aber auch die Zwillingsbruderliebe hat ihre Grenzen.

Sturm. G'schwind, Meister Blau, g'schwind!

Kilian (schwach). Ich bin ganz matsch!

Sturm. G'schwind, da drin sein Eure eigenen Kleider!

Schlag. Ihr macht ja verdammte Streiche! —

Wetter. Uns Alle zu täuschen! —

Kilian. Ist etwan gar? —

Sturm. Kommt nur! — (Ab mit Kilian).

Scene 22.

Vorige ohne Kilian und Sturm.

Wetter. Unser Hermann kann doch von Glück reden!

Schlag. Der Tapferkeit wegen hat ihm der Kommandant natürlich Alles verziehen, und die für ihn errungene Beförderung —

Wetter. Ist Folge seiner Heldenthat. — (Man sieht im Hintergrund den erleuchteten Saal). Dort die Gesellschaft, sie lassen Hermann Blau hochleben! — (Ab mit den Andern.)

Scene 23.

Hermann. von Dornberg.

Dornberg. Ihre Heldenthat erfüllt uns mit Bewunderung und Staunen.

Hermann. Sie an meiner Stell' hätten gewiß nicht weniger gethan! — Wissen Sie aber, daß mein Bruder für mich unterdessen Heirathspräliminarien hier abgeschlossen hat?

Dornberg. Doch nicht gegen Ihre Neigung?

Hermann. Keineswegs, ich bin verliebt in sie. — Ich heirathe das Fräulein von Löwenschlucht! —

Dornberg. Recht so!

(Beide in den Saal ab.)

Scene 24.

Roserl. Dann Peter.

Roserl (allein). Ich bin erstarrt! — Träume ich — wache ich, hab' ich recht gehört? Kilian — er heirathet sie! (Wankt zum Stuhl.)

Peter. Man führt sie dem Bräutigam entgegen, er küßt ihr die Hand! —

Roserl. Kilian! Ungeheuer! —

Peter. Der Notar legt den Kontrakt vor.

Roserl. Das is mein' letzte Stund'! —

Peter. Das is meine vorletzte Minuten! Wann nur eine einzige Klausel nix nutz wär'! Nur Verzögerung nur! Umsonst, sie schreiten zur Unterschrift.

Roserl (in größter Angst). Wenn ich mich nur hinein trauet!

Peter. Sie unterschreibt! —

Roserl. Er auch! — Ach — ach! (Sinkt ohnmächtig in den Stuhl.)

Peter. Das war ein Dolchstich für dieses Herz! (Sich mit der Hand über die Stirn fahrend.) Nur Zerstreuung — eigentlich mehr Betäubung als Zerstreuung! (Sich fassend.) Ich will jetzt trinken, bis ich umfall' vor Rausch, das allein kann mich aufrecht erhalten.

Scene 25.

Roserl. Kilian. Dann Sturm. Die Gesellschaft
(im Saale).

Die Gesellschaft. Hoch lebe das Brautpaar!

Kilian (aus Seite links kommend, in seinen früheren Anzug als Färbermeister gekleidet). Roserl! Roserl! (Sie erblickend.) Was ist Dir denn, Roserl?

Roserl (sich aufrichtend). Diese Stimm'? — Kilian — ist's möglich? — Dort — und hier — und —

Kilian. Tschazerl, das is ja mein Bruder!

Sturm (aus links). Der Wagen ist bereit.

Kilian. Komm nur g'schwind. Wir fahren zu unserer Hochzeit nach Haus.

Roserl (in höchster Freude). Mein Kilian!

Kilian. Aber meinen Bruder muß ich vorher noch umarmen, jetzt hab' ich ihn erst so recht von Herzen gern, mit dem ich viel Angst ausg'standen hab' wegen seiner — (nach dem Saal blickend). Da ist er! (Will ihm entgegen).

Roserl (ihn zurückhaltend). Aber bedenk' doch die Gesellschaft!

Kilian. Und wenn die ganze Welt da drinnen in der G'sellschaft wäre, ich muß zu ihm! (Eilt nach dem Saal.)

Hermann (kommt ihm entgegen).

Kilian. Bruder Hermann! (Beide stürzen sich in die Arme.)

Hermann. Was ist das?

Kilian. Jetzt gehn wir zur Hochzeit! —

Alle. Es lebe das Brautpaar und Zwillingspaar hoch!

(Der Vorhang fällt)